| 区域国别研究丛书

国际激烈角斗中的中国

对话15位美欧俄知名专家

中国人民大学区域国别研究院（重阳金融研究院）◎编

王文◎主持

新华出版社

图书在版编目（CIP）数据

国际激烈角斗中的中国：对话 15 位美欧俄知名专家 /
中国人民大学区域国别研究院（重阳金融研究院）编 .
北京：新华出版社 , 2024.12
ISBN 978-7-5166-7852-7
Ⅰ．D616
中国国家版本馆 CIP 数据核字第 2025B6F917 号

国际激烈角斗中的中国：对话 15 位美欧俄知名专家

编者：中国人民大学区域国别研究院（重阳金融研究院）
主持：王　文
出版发行：新华出版社有限责任公司
　　　　　（北京市石景山区京原路 8 号　邮编：100040）
印刷：捷鹰印刷（天津）有限公司

成品尺寸：170mm×240mm 1/16　　　印张：12.75　字数：166 千字
版次：2025 年 5 月第 1 版　　　　　印次：2025 年 5 月第 1 次印刷
书号：ISBN 978-7-5166-7852-7　　　定价：56.00 元

版权所有·侵权必究
如有印刷、装订问题，本公司负责调换。

微店

视频号小店

京东旗舰店

微信公众号

喜马拉雅

小红书

淘宝旗舰店

企业微信

前 言
FOREWORD

与美欧俄战略界对话，我们谈些什么？

近几年，一提到美国，中国社会舆论多半会有一些异样情绪，或觉得敏感，或莫名警惕，或害怕接触，当然，还有一些人仍存崇拜之情。这些多元与复杂的情绪，都算是当下中国人对外心理的时代特征。

有一次我调研西南某省刚刚脱贫不久的一个县城，县长与我谈及许多国际形势，尤其热衷于讲述中美紧张形势下县域治理的压力。于是我调侃道，你这里离最近的机场近3个小时车程，县城也见不到外国人，更谈不上美国人，为何要把中美紧张形势考虑到日常县城治理中呢？

还有一次我向中西部某地一家国企老总推荐几位美国战略界人士和前高官的来访调研。这位老总很有兴趣，但很快回应当地保卫、外事、报批程序过于复杂，完全超出了当地接待能力，于是只能悻悻作罢。

这些普遍存在于各个地方的现象，恰恰反映了党的二十届三中全会《中共中央关于进一步全面深化改革、推进中国式现代化的决定》中要改革的一条重点内容，即第十部分里第41条"推动走出去、请进来管理便利化，扩大国际人文交流合作"。

要真正落实这条改革措施，最重要的落脚点在于，须扭转不愿、不敢、不想与外国人尤其是美国人交往的氛围与环境。

革命年代、冷战年代，老一代中国领导人都非常愿意接触来访的外国人尤其是美国人。近年来，习近平主席更是多次强调加强民间友好和人文交流对发展中美两国关系的重要意义。他与美国各界人士多次真挚互动，积极推动中美民间友好，并提出"中美关系的基础在民间，力量源泉在人民友好"等观点。

2024年3月27日，习近平会见美国工商界和战略学术界代表时指出，"中美关系史是一部两国人民友好交往的历史，过去靠人民书写，未来更要靠人民创造。中国有句话，从善如登，从恶如崩。希望两国各界人士多来往、多交流，不断积累共识，增进信任，排除各种干扰，深化互利合作，为两国人民带来更多实实在在的福祉，为世界注入更多稳定性。"

高层亲力亲为地做美国人的工作，正是给各级政府、各个企事业单位、各个高校研究机构提供了示范。这也正是我所在的智库——中国人民大学重阳金融研究院承办为期一周的明德战略对话（2024）、邀请10多位来自美国、欧洲的战略学术界人士来中国的重要背景。

2024年8月30日至9月5日，我们安排这些来自美国、欧洲的战略界人士调研中国改革开放最前沿的上海浦东、走访世界商品集散中心义乌、观察民营经济重镇温州，引导他们看看新农村建设、逛县城夜市、做客企业主家等等，还安排许多批次的年轻人与他们面对面对话，让他们真实地体验新时代的中国，进而尽可能地重塑这些有影响力人士的中国观。

从筹备安排看出，各级政府外事与宣传机构是有外事交往潜在意愿的，只是希望在制度与氛围上还可以更加松绑。各个企事业单位是有国际交往的充足底气的：有位企业主说，让他们随便看嘛，没什么不能让他们看的；还有一位当地机构负责人说，我们这里那么干净、安全、便捷，还有烟火气，美国人会羡慕的……

可见，党的二十届三中全会中所说的"推动走出去、请进来管理便利化，扩大国际人文交流合作"是很有民间动力与基层活力的。关键在于，在制度设计和机制构建上，要更敢于、更善于释放这种动力与活力。

事实上，新中国建立之初能逐渐打破西方阵营的封锁，源于大胆地与西方交往与沟通。40多年的改革开放，中国国力从弱到强，也是源于不断打开国门与世界融合。现在，世界处在新的动荡变革期，西方一些势力试图重新打压、封锁、遏制中国的强国之路，此时，更需要努力打破之、瓦解之，更要靠胆大心细、积极主动的交往与沟通。

日本著名作家村上春树有一本非常著名的随笔集，书名叫《当我谈跑步时，我谈些什么》。书中用细腻的写作技巧记录了跑步时的心理活动并延伸到人生态度，如"痛苦无法避免，磨难可以选择""不想跑步，所以更要去跑步"。

把这个书名套用到当下中国智库与美国战略界的交往，或可改为"我们谈'美国战略界来中国'，我们谈些什么？"我希望其中应有的含义是，"对美国斗合并行的痛苦无法避免，如何减少磨难可以选择""不想与遏华的美国交往，所以更要与之交往"。

如果真有这种观念的转型，那么，回答"我们谈'美国战略界来中国'，我们谈些什么？"的答案是，我们应该谈如何更好地接触对方、更好地阐述中国、更轻松地与之交往，而不是"安全泛化"似的担心、害怕、警惕、防范。至少在当前，拥有这份自信、开放的心态非常重要。

在这种心态下，明德战略对话（2024）一系列交流活动，采用"1+4"模式，开创了中外战略学术界沟通交流的新范式，也取得了一些成效。人民日报、新华社、中央广播电视总台、彭博社、俄罗斯卫星通讯社等50余家中外媒体对交流活动进行系列报道，发布150余条中英文原创报道，内容涵盖会议报道、专家访谈、综述稿件等，全网浏览量、播放量近亿次。

其中央视《新闻联播》《朝闻天下》播发报道，外方代表称赞中国式现代化、中国高铁、中国民营经济活力的短视频被广泛传播。《环球人物》等媒体对话嘉宾的深度专访、人大重阳策划的"一对一专访"在相关媒体网站及新媒体平台陆续发布，反响热烈。同时，相关传播效应已在欧美战略界持续发酵，多位嘉宾在个人社交媒体平台上广泛转发中方报道，提升了欧美战略界深度探访中国的巨大兴趣，并引发未来有更多团组来中国的浪潮。

而当我们谈论与欧美战略界对话时，俄罗斯往往也成为绕不开的话题。俄乌冲突到底对俄罗斯、对中俄关系、对世界局势产生怎样的影响？俄罗斯到底想要实现怎样的目标？未来15年俄罗斯国力会持续崛起，还是呈现衰落？对俄罗斯反制裁的经验，有什么可供中国借鉴的？如何解决当前中俄合作的堵点？新时期的"欧亚主义"对于中俄合作来讲意味着什么？

2022年9月2日至10月29日，我受俄罗斯瓦尔代俱乐部邀请赴俄调研了21个城市。其间针对上述问题采访了俄罗斯著名经济学家、欧亚经济委员会一体化和宏观经济部部长、原俄罗斯总统普京经济顾问谢尔盖·格拉济耶夫。2022年10月21日，我与被西方媒体视为"普京大脑"的俄罗斯哲学家亚历山大·杜金交谈了一个小时。2023年4月9日，我在俄罗斯高等经济大学讲学时在校园与费奥多尔·卢基扬诺夫偶遇，于是相约次日在莫斯科红场附近的一个酒店大堂再深入聊一聊。费奥多尔·卢基扬诺夫是俄罗斯高等经济大学教授，还是俄罗斯智库外交和国防政策委员会主席、《全球事务中的俄罗斯》期刊主编、瓦尔代辩论俱乐部学术主任。

  此次整合美欧俄战略认识对话，是为了将多方声音同时传递给更多的人，也是为了鞭策自己，继续坚持开展对话和沟通工作。期待未来将更多的对话呈现给读者。

王文

2025年4月30日

15位美欧俄知名专家名录

[1] 保罗·法拉赫（Paulo D. Farah）：美国西弗吉尼亚大学公共管理与公共政策终身教授

[2] 白轲（Larry Catá Backer）：美国宾夕法尼亚州立大学法学与国际事务学院教授

[3] 顾爱乐（Axel Goethals）：欧洲亚洲事务研究所（EIAS）总裁

[4] 马吉特·莫尔娜（Margit Molnar）：经济合作与发展组织（OECD）中国经济政策研究室主任

[5] 图格鲁·凯斯金（Tugrul Keskin）：全球中国研究网络创始人、美国"中国全球战略研究所"（CGSRI）主任、卡帕多西亚大学教授

[6] 克劳斯·拉雷斯（Klaus Larres）：美国威尔逊中心全球欧洲与基辛格美中关系研究所研究员、美国北卡罗来纳大学教堂山分校历史与国际事务教授

[7] 马克·罗泽尔（Mark J. Rozell）：美国乔治梅森大学政策与政府学院院长

[8] 罗思义（John Ross）：英国伦敦经济与商业政策署前署长

[9] 马丁·雅克（Martin Jacques）：英国剑桥大学政治与国际关系学院前高级研究员

[10] 达尼洛·图尔克（Danilo Türk）：斯洛文尼亚前总统、联合国原副秘书长、世界领袖联盟主席

[11] 卓奥玛尔特·奥托尔巴耶夫（Djoomart Otorbaev）：吉尔吉斯斯坦前总理、人大重阳外籍高级研究员

［12］格泽高滋·科勒德克（Grzegorz W. Kolodko）：波兰前副总理兼财政部长，波兰华沙科兹明斯基大学转型、一体化和全球化经济研究中心主任

［13］亚历山大·杜金（Alexander Dugin）：俄罗斯政治学者

［14］费奥多尔·卢基扬诺夫（FyodorLukyanov）：俄罗斯高等经济大学教授、俄罗斯智库外交和国防政策委员会主席、《全球事务中的俄罗斯》期刊主编、瓦尔代辩论俱乐部学术主任

［15］谢尔盖·格拉济耶夫（Sergey Glaziev）：俄罗斯自由经济协会副主席、俄罗斯科学院院士

目 录

前言 ··· 1

对话保罗·法拉赫：欧美低估中国的全球贡献 ······················· 1

对话白轲：美国人比过去更关心中国 ····································· 16

对话顾爱乐：中国仍有很大发展空间 ····································· 29

对话马吉特·莫尔娜：中国经济未来增长点在哪里？ ············ 42

对话图格鲁·凯斯金：西方对中国的偏见来自无知 ················ 52

对话克劳斯·拉雷斯：如何面对崛起的中国？ ······················· 61

对话马克·罗泽尔：美国年轻人如何真正客观地认识中国？ ···· 78

对话罗思义：中国"产能过剩"的论调很可笑 ······················· 91

对话马丁·雅克：中国有很多办法应对全球形势的变化 ········ 103

对话达尼洛·图尔克：中国的领导力等同全球霸权？强烈不同意 ········· 113

对话卓奥玛尔特·奥托尔巴耶夫：美国民众反华情绪高涨，缘何如此？···· 130

对话格泽高滋·科勒德克："美国梦"碎一地，他们怎能怨中国？ ········ 138

对话亚历山大·杜金：被称为普京"大脑"的人怎么想 …………… 144

对话费奥多尔·卢基扬诺夫：普京"身边人"的想法 …………… 155

再度对话亚历山大·杜金：受到更大威胁的普京"大脑" …………… 166

对话谢尔盖·格拉济耶夫：普京总统经济顾问的担心 …………… 179

对话保罗·法拉赫：
欧美低估中国的全球贡献

2024 年 9 月 2 日，王文对话保罗·法拉赫

王文：各位朋友，欢迎大家来到中国人民大学重阳金融研究院一个非常重要的栏目——明德战略对话。今天明德战略对话请来了一位非常重要的嘉宾——保罗·法拉赫教授。他是美国西弗吉尼亚州非常知名的一位学者，教授国际法、公共事务。过去的4天我跟保罗·法拉赫教授一起在中国南部调研，分别去了上海、义乌、温州。两个小时前我们刚刚从温州飞回北京，我们来到录制现场，就是希望能够通过明德战略对话平台，跟各位分享中美两国学者对话的成果。

趁着新鲜劲儿，我想问保罗·法拉赫教授，此行您最大的感受是什么？我也知道您不是第一次来中国了，相比过去，这次最大的感受是什么？

保罗·法拉赫：首先，非常感谢邀请我参加明德战略对话，很高兴来到中国人民大学。我非常喜欢这次整个行程的安排，它刷新了我对中国的印象。由于疫情的缘故，此前我基本上有5年都没有办法来到中国。但是这次整个行程非常好，我参观了一些新的地方，也重访了一些之前去过的地方。我回到美国后留下的记忆是我们开过的会，在不同的地点讨论过的内容，结识的欧洲、中国、美国的新朋友。当然我也了解到媒体对中国民众感兴趣，媒体想了解外国的学者、教授和专家，也希望看到这些外国的学者回到中国，把自己专业的知识和洞察分享给中国，互学互鉴，持续更新对中国发展方向的理解，这将是未来发展的重要方向。

王文：我和同事们一起承办明德战略论坛，就是希望能够让来自发达国家的学者教授重新发现中国的一些进展。我们希望能够延长这一视角，回顾过去8—10年，特别是特朗普成为美国总统后，美国和欧洲的舆论对中国的态度发生了急剧的转变。过去负面报道也很多，但是还有很多正面的报道。可是现在我每天阅读美国主流媒体的时候，我发觉绝大多数报道对中国要么是误解，要么是偏见，还有抹黑，甚至还有一些谣言。作为一位美国的教授，同时我知道您出生在意大利。从这个角度来观察，为什么过去几年欧美的舆论对中国会出现如此糟糕的转变？

保罗·法拉赫：如果问起我自己的感受，可能是欧洲和美国的角度有点差别，有一些可能能匹配起来，是相同的，有一些确实有偏差。我出生在意大利，是意大利公民，但是我自己和中国之间的联系在25年前就已经有了。一开始我是以中国学生的身份，后来又读博士，成为研究员和学者，同时也以访问学者的身份在中国工作。第一次应该是作为访问学者在人民大学法学院做博士研究。后来我又和很多其他大学一起合作研究，所以我觉得可能我对中国的看法是基于我之前的经验、记忆和体验，而不是某个新发现的视角。

回到刚才您的问题，就是美国或者欧洲对中国态度的急转直下，我觉得这与世界的变化密切相关。您提到2016年特朗普当选之后世界的一些变化，这是一个警醒，比如国际贸易、全球化和发展问题，相当于是一个范畴，有点像英国决定要公投脱欧，这一事件令许多欧洲人感到震惊。全球的融合似乎逐渐失去了回头路，当然这只是我们在当下生活中的一种视角。如果您再看一下国际贸易，可能这没有什么，一直都是互惠互利的。专家可能会说主权和国际化，要合作共存，有的时候或长或短，大家觉得这种合作或者协作是受一方的主导，一方更受益。所以特朗普当选这段时间应该是一个新的主导时代，一种新的观点、新的思想，又跟主权或者国家利益相关并挂钩占了上风，正好和互联互通或者国际发展、国际化是不一样的。在这样一个大的背景之下，特朗普和中国之间的关系正好又符合美国的国家利益，而且也支持了美国的国家利益。可能我这样说有点太单纯了，但是不见得对中国是非常负面的，更多的是偏向于主权或者国家利益。在全球市场中，中国与美国这两个国际竞争对手之间，容易产生冲突，彼此也成了攻击的对象。确切地来讲，美国对中国来说还是比较占主导地位的国家。

我们再看一下欧洲，情况有些不同于美国。欧洲由各个不同的国家构成，形成了欧盟，大家各持己见。但仍然有一个趋势，就是要寻找在全球背景之下更好的机会。欧美之间也是如此，不仅是美中之间或者欧盟和中国之间，贸易争端总是此起彼伏地出现在欧美之间，所以我觉得这不是一个主要因素。

当然，后来事情变得很复杂了，包括在全球背景下的事情，有区域战争、冲突，政治又跟贸易挂钩，就像现在乌克兰和俄罗斯之间的冲突。在北约（NATO）和其他势力之间，这表明全球的一些联盟关系越来越复杂，包括以色列和巴勒斯坦之间的冲突。我认为中国并非问题的根源，相反，中国或许能为欧洲和美国提供一种解决方案。所以，秉持合作精神，这可能是解决问题的答案。有效的、良性的竞争是有益的，无论是中国、美国还是其他国家，如果不开展协作，这些问题只会越发严重。健康的竞争是有帮助的，但如果缺乏合作，这些问题只会变得更加复杂。

王文： 我曾写过一篇文章，指出我们正处于自二战结束以来最糟糕的时刻，面临着五大挑战并行：疫情、战争、难民、经济低迷和气候变化。我们这次感受到了中国南方在9月初仍然很热，简直感觉地球已经热得快爆炸了。在您看来，国际法和我们公共事务的道德力量还能够发挥多大的作用？我们作为学者，在这个过程中到底应该怎样去看待当下的这个世界？美国和欧洲还能不能再继续发挥世界上很多人所想象的那样一种领导作用？

保罗·法拉赫： 这个说起来实在是非常复杂，我也很难一言说清。您提到的中国人对于世界以前都是非常乐观的，非常看好的，是逐渐变好、逐渐向好的乐观态度，这是中国人所具有的共同心态。我自己在接触国际贸易、全球化以及国际法的时候，我觉得国际贸易是互利贸易，可以获得越来越多的机会,而且这个机会是向所有人敞开的,或者说越来越多的人可以摆脱贫穷,有更好的机会。

在过去的几年中我们了解到,全球化并不会再像我们期待得那么快速地发展,而实际上如果全球化发展得够快,其实也会带来很多发展不均衡的现象,这其实也会导致一部分人被落在后面,这些人可能没有办法就业,或者他们的收入并没有赶上他们生活成本的增长速度。这样一种情感其实并不仅仅发生在中国,在美国也有这样的情况。还有就是特朗普个人的个性非常好地应对或者响应了一部分美国人的需求,他们希望能够有人负责,而特朗普就被人们认为是应对这种情况的人选。因为人们认为他能够改变过去华盛顿的运作方式,尤其是自美国建国以来的传统。因此,特朗普以一种全新的领袖形象出现,试图为美国带来变化。作为旁观者,如果旁观者认为这个人可以改变规则,那就能够改变一切。但是不幸的是,所有美国人所期待的这种应对方式其实并没有在特朗普总统身上实现。所以人们还继续抱有新的想法,而特朗普也就利用了人们一系列的需求。所以在当前美国的大选中,他也仍然有一定的支持率。

在现在这个时刻,我并不想进行更多的评论,因为我们知道特朗普总统和现任美国副总统已开始参加竞选,这实际就涉及您问的第二个问题:我感觉到在美国以及欧洲,其实人们有着同样的一种心理状态,大家都希望找到一个能够为当前局势负责的人。在美国,人们可能会将这种期望寄托在总统大选上;而在中国,可能会面临一些特定的问题;在欧洲,人们则可能将责任归结于气候变化、移民和难民问题,甚至会将矛头指向中国。所以在欧洲,对于美国其实也有着非常负面的情绪。尽管欧洲和美国之间有着非常清晰的双边关系,尽管它们在大西洋的两侧,关系普遍良好。在这个过程中,如果欧洲对于美国都已经失望了,那么中国也一定不会例外,政治世界就是这样运作的,大家会有不同的想法、不同的看法。在进行合作以及竞争的过程中,其实并不会在我们现在所处的情况当中达到平衡,比如在乌克兰问题上。

另外一个问题，您问到我作为一个学者的观点。我在2016年出版了一本书，讲到中国在这些非贸易问题上的影响。非贸易的问题包括如何在不同问题上实现平衡，例如可持续能源和气候变化，以及对于消费者的保护、环境保护等。在这一系列的非贸易问题上，包括您刚才所讨论到的，比如关于文化遗产和非物质文化遗产的保护也被纳入其中。尽管这些问题并不直接与环境可持续发展或世界贸易组织的议题相关，但它们却受到全球化及全球贸易的影响。这些不同的议题，会触及不同群体的利益，无论是在中国还是美国。我们讲到全球化的时候，其实并不仅仅是关于就业或者失业，或者是关于当地的产品，或者是来自不同国家的产品，等等。我们现在的经济增长已经不像过去那样快速了，尤其是中国，可能没办法为每个人都提供就业机会，这也是很多国家担忧的问题。但是每个国家也都有很多人非常关心气候变化问题、环境问题，而全球化会让气候变得越来越糟糕。还有很多人非常关注文化遗产，而全球化也让文化遗产保护方面的工作变得越来越困难。我想这就是当前全世界所面临的情况，我们需要找到一种方式，一个解决方案。

我还有一本书是关于多样化和多边主义的，这是在俄乌冲突爆发之前出版的，也是以色列和巴勒斯坦冲突发生之前出版的。其实在很多领域我们能够看到合作可以带来解决方案，比如共同应对腐败，共同应对恐怖主义。当特朗普总统退出《巴黎协定》的时候，习近平主席重申完全支持气候变化的谈判和《巴黎协定》。而中国在这个时候也开始引领这方面的讨论，尤其是在美国退出之后。如果没有中国的推动，我们可能都没有办法去实现《巴黎协定》。没有欧洲的话，我们可能也没有办法实现很多国际环境方面或者气候变化方面的原则，所以这些才奠定了《巴黎协定》达成的基础。在政治中，我们其实是需要彼此的，美国需要中国，中国需要美国，而中国和美国也需要欧洲，在很多领域都是这样的。在许多领域，欧盟处于领先地位，包括政治和新型发展。他们创造了一个词，称之为"欧洲的影响"。当欧洲与美国签署协议时，他们也会考虑欧洲的立场和做法。

王文：我很同意您刚刚讲的，美国和欧洲其实都在寻求改变。但是在很多中国人看来，我不知道这是不是也是一些中国声音对美国和欧洲的误解，从奥巴马开始美国就寻求改变。到了特朗普，希望能够进一步打破原有的规则。拜登推行了中产阶级外交，进一步弥合特朗普时期出现的美欧之间的裂痕。然而，至少在大多数中国人看来，这个世界并没有变得更好。当然我也很能理解美国和欧洲，尤其是美国回到了我们不愿意看到的民族主义或者主权中心论的这样一种立场。其实在很多中国人看来，美国是唯一的超级大国，它应该起到一个榜样的作用，就如同80年代、90年代、00年代的时候，很多中国人都崇拜美国。但是过去这些年来中国人祛魅美国的形象，重要原因之一就是美国并没有实现预期的变革。

另外一方面，从中国的角度来讲，对于当下改革的效果和获得感，当然一些中国人也有一些抱怨。但是从中国的外交和对世界的贡献来讲，我觉得这些年来发达国家，尤其是美国似乎在低估中国的贡献，还把这些贡献视为一种对世界的负面影响，甚至将其变成大国竞争争霸的新关系，这让中国人感到不满，有时甚至觉得愤怒。

中国秉持古代先哲"穷则独善其身，达则兼济天下"的教诲。我们只是因为自身经济和国力变强了，希望能为世界作出更多的贡献，正如您刚才所提到的在气候变化和"一带一路"方面的贡献。但是从这个角度来讲，似乎美国并不认可和接受中国的这些贡献或参与。我非常赞同您刚才讲的我们需要合作，但是现在从西方的语境来讲，合作似乎并没有占据主流，不知道您是否也有这样的看法？

保罗·法拉赫：我想再次讲一下，要回答这个问题，确实要花很长时间，因为这个问题非常全面。如果要简洁地回答这个问题，我之前提到的内容表明，我们现在所处的时代是每个国家更加注重自身主权和本国国家利益的时代。所以每一个关于公正或者正义相关的方面，我们能看到一种向着正义的方向发展的趋势，而且语言或者表述的方式无论是在欧洲还是在美国也都在向这个方向转变。现在美国的总统大选也已经展现出了这一点，而且这样的语言或者表达方式也会继续呈现出来，也就是他们希望能够在其他国家面前展现出自己的领导地位，要把本国的利益放在最为重要的位置。这并不仅仅是美国的情况，而是发生在每一个有大选的欧洲国家、亚洲国家乃至全世界。这是很不幸的，但确实是我们这个时代所面对的挑战，而且这也很可能是我们的父母或者祖辈曾经面对过的挑战。我们要从历史中学习，不要重复同样的错误。因为有些错误会自行再次出现，如果祖辈和孙辈之间的联系被打破，这些问题在一定时间范围内，比如80年后就会再次出现。我自己在这方面并不是专家，但我认为这种情况会出现。因为记忆会消退，记忆中有好的一面，同时也有我们从历史中汲取的教训，也就是不好的一面。因此，当前各领域的指标都确认了这一观点，即主权中心的概念确实非常流行。

我可以举几个例子，说明在不同地区对某些问题的描述和表述方式是如何不同的。例如腐败、恐怖主义、气候变化，可能还有一些国家会提及其他的问题。比如关于世界知识产权保护中心这个组织，他们可能也会讨论其他的议题或是文化遗产方面的问题。我认为这些问题在全球南方和北方的国家中是不一样的。其实25年前这个问题才出现，但是现在更为明显。现在出现这种情况是因为我们所面对的这些情况需要重新进行审视和评估。我们要在这些占主导地位的国家以及不断崛起的国家之间实现一种平衡，尤其是在全球事务中更具影响力的这些国家，他们已经清晰地表达出，有些问题需要得到很好的保护。

其中包括文化。尤其是中国等历史悠久的国家，其传统文化有着可接触和不可接触的多样性。当然，欧洲国家和其他相对发达的国家也面临类似的问题。考虑到刚才所提到的挑战，这个挑战包括中国可能觉得不是一个非常正面的合作协作，确实是这样的。但是在这个问题当中，主权问题依然是核心。在中国的文化语境当中，就是把这种类型的问题投射，无论是自主还是非自主的，会有这样一个观点，中国不再处于一个跟美国紧密合作的位置上。由于中国发展得很好，发展得比原来规模更大、速度更快，欧盟也没有提供资金，美国也不再提供支持，因为中国现在能够发展得非常好。刚才您也提到了"一带一路"，当然这是中国和其他国家合作的一个非常好的机会。但是我觉得"一带一路"会引发美国的一种反应，我希望这样一种反应是建设性的，而且在两个大国之间都能够感知到。

尽管可能不是所有人都同意这一观点，但是我还是认为语言的变化是明显的。这种语言变化是从特朗普开始的，一直延续到国会，涉及印太战略，所以我觉得有些人可能同意我的观点，也有些人可能不同意。主要是在中国"一带一路"倡议之下所引发的，这就是一种平衡和反平衡。美国想形成一种自身的平衡，恢复美国和印度、日本、韩国、中国台湾等国家和地区的美国印太战略，你说这个事情是好还是坏？我自己就这个话题也写了一些文章，确实存在和平合作的情况，其实不是合作本身的问题，对我来说，"一带一路"倡议和美国的印太战略必须足够透明，并展现出合作的精神。美国和中国必须共同探讨如何实现合作。在国际组织当中确实有很多相关情况，包括美国和中国的"一带一路"相关事务。所以不要把它当作一个在协同原则之下的孤立事物，一定要透明的，而且是可以相互交流的。中国现在就在往这个方向做，比如中国在AIIB（亚洲基础设施投资银行）正在展现出一种多边主义、多边透明和责任担当。这也是为什么中国在"一带一路"中体现出这样的精神，美国在印太地区也应秉持类似理念。

王文：我也认为中美两国之间应该有更多的协作关系，实际上中国并不完全反对美国在二战以后建立的一系列国际规则，包括国际贸易、国际经济、国际金融的这些体制。中国不是一个革命型的国家，某种层面上是一个维持现状的国家，从某种程度来讲，中国过去10年提出的大量倡议，不是跟美国原有的体制进行对抗，而是希望能够做出一些补充。比如我们刚才反复谈到的"一带一路"倡议，2017年第一次"一带一路"高峰论坛的时候，中国向美国发出了邀请。2017年4月，在"一带一路"国际合作高峰论坛召开前的一个多月，习近平主席访问了美国，与刚刚担任总统不久的特朗普先生进行会谈，而且当面邀请特朗普派代表来参加"一带一路"国际合作高峰论坛。那个时候特朗普派了代表来参加高峰论坛。后来您的祖国意大利加入了"一带一路"以后，我们中国人非常高兴。很不幸，去年意大利退出了"一带一路"，对此，我们并没有对意大利产生负面情绪，只是感到有些遗憾，并且能够理解他们的决定。所以从这个角度来讲，中国的"一带一路"实际上一方面想包容美国，就是您刚才讲的，希望能够跟美国协作。另外一方面，"一带一路"作为一种补充，填补了美国自二战以来没有做的大量的事情，比如帮助发展中国家提升他们基础设施的能力，修路、架桥、修铁路、修港口，提供了至少在基础设施层面最大的公共产品。我们都去过非洲，过去的10多年，如果没有中国在非洲基础设施的投入和建设，我敢说非洲会更糟糕，因为美国和欧洲对非洲多少有点口惠而实不至。我非常同意您刚才的看法。的确，可能因为误解，或者因为美国过于秉持美国中心主义世界观，将"一带一路"倡议的提出视为与美国的霸权和体系存在冲突的一种现象，此时自然就出现了您刚才所说的对"一带一路"倡议的抵制和压制。所以，我的看法是，还是希望能从互补、相互尊重的角度看待中国崛起，并且认可中国能够在世界上发挥的作用，我认为这些作用是正面的，至少正面占多数。从这个角度来讲，我想听听您的建议，怎样才能让美国更好地包容、理解和接受中国的崛起？

保罗·法拉赫： 如果您问我的话，我觉得这种类型的冲突，它的源头可能是正常的世界竞争关系。当有新的政府上任，或者新的总理到岗之后，他们总是要刷一下存在感。他们是创新的，他们要大刀阔斧地带来一些新的机会，想要有一些改变，想带来希望。他们是通过承诺、改变来给民众带来希望，这就是政治游戏。不仅是国际政治，也是国内政治。当有希望和改变的时刻出现时，往往是在特定的时期和背景下，同时也碰上了扩张主义和全球化带来的一些进展。这种情况很容易发生，但其结果却可能是倒退。不管怎么样，气候变化也罢，或者是生物多样性、生物更加脆弱这方面，我很关切这些事情组合在一起，真的是有爆炸性的一些结果。包括热浪，换句话说，我们可能会失去全球更多的水资源，全部都干涸掉了。如果水要干涸，问题就接踵而来。包括如何灌溉、如何饮用的问题。从农业开始，从生产开始，所以这些都是特别关键的。我觉得中国也好，全世界也好，都要正视这个问题，没有吃的，或者就是沙漠化，有更多的人可能要迁移。这种迁移就是让人口改变自己的居住地，又没吃的，又没喝的，同时又有热浪，再加上气候条件越来越糟糕，所以是不是有新的冲突又要再次出现？从中国的角度来讲，俄乌或者巴以冲突，完全可以忘记掉，但是仍然是有背景和政治的一些因素要做定义。有的时候追溯到历史，到底是谁选了谁，双方我对你错，反正就是互相指责、互相埋怨。但是到最后，可能会有越来越多的情况出现。像这种挑战，中国、美国、欧洲、日本或者其他一些国家都要面对这样的问题，就是我们到底怎么样才能够满足人口的需求，没有水、粮食资源，我们如何减少这样一些挑战、风险。或者是一种冲突，所以不能忘掉这些事情，它们都是存在的。它们作为背景，本身就不是乐观和积极的环境，而是需要我们去关注和解决的重大挑战。

王文： 所以我要问您最后一个问题，现在已经半夜了，我们还在聊世界的大事，我们不得不去畅想一下未来。刚才您讲到了中美欧要协作，讲到当下人类所面临的很多灾难，有的正在变糟，全球化受到冲击。我们畅想一下未来10年，过去的一个月，中国刚刚结束二十届三中全会，二十届三中全会对于2029年、2035年下一步中国的改革做出了一系列的部署，中国人对于未来改革的成绩和效果，我觉得整体上还是保持了一种乐观态度，我们总是认为至少我们这个国家，2029年我们的天空会变得更蓝，城市会变得更绿，社会会变得更和谐，人们的生活会变得更富足，中国的军力会变得更强大，基本实现社会主义现代化。我们还设立了2050年的目标，就是要建成社会主义现代化强国。所以你会很清晰地看到，从中国的角度来讲，我们很努力地去制定5年的规划、5年改革的部署以及中长期的愿景，如2035年、2050年的愿景。我最后一个问题想问您，我们一起来畅想一下2035年，2035年的世界会是怎样的？您作为一位出身欧洲，在美国工作，成为知名教授的人士，您如何看待2035年的世界？我们一起来探讨2035年，中国、美国和欧洲在2035年的角色以及2035年世界的样子。十年后，当我们回顾今天的对话时，不知道我们的预测是否会变得准确。

保罗·法拉赫： 您现在问的问题不是让我当一个教授，而是让我当一个魔法师，预知一下未来会是什么样子的，我会尽最大的努力回答这个问题。

我个人希望在已经开展合作的这些领域，我们可以继续看到合作在推进，我已经提到了这些领域。但是这种情况完全可能明天就会发生变化，因为美国现在正在进行大选，我们会关注哈里斯副总统和之前的特朗普总统到底谁会获胜。再看一下欧洲的状态，乌克兰有战争正在进行。而且在很多欧洲国家，比如波兰、捷克等中东欧国家，其实还面临着很多挑战。我们还需要看一下现在以及明天到底会有什么样的变化，所以2035年的情况很难预测。但是我个人抱有希望，我希望我们可以重启在某些领域的合作。我们能够看到在某些领域出现一些联盟，比如虽然看到意大利退出了"一带一路"倡议，但是其实这样一种联盟或者合作会塑造世界的未来。

意大利的退出我们感到很遗憾，但是这也是国际关系中会发生的事情。我现在也是非常积极地看待其他国家的发展状况，比如中国和全世界的关系，以及全世界对中国的看法。我希望现在进行的这些事情能够继续创造新的机会，让人文关系能够进一步得到改善和加强，包括通过学习、专业领域的合作以及企业之间的合作。这是我们对未来的期望，也是我们在有限的范围内所能触及的目标。

在全球范围来看，我们也希望世界有更多的机会，而不是更多的战争。当然这并不是在我们的控制之内，比如新冠疫情并不是我们能够控制的，以及在这个过程中人们的应对方式也不是我们可以预测的。此外，还有许多其他挑战，令人遗憾的是，许多国家在这些领域并未进行有效合作。只有当这些国家真正意识到，仍有一些国家被排除在新冠疫苗接种之外时，过去的许多问题才会再次浮现。如果人们没有得到足够的疫苗保护，疾病会不断发展和变化。因此，如果疫苗未能覆盖这些发展中国家，后果将不堪设想。中国是第一个采取行动的国家，古巴也是如此。我们知道有三种不同的疫苗在古巴的机构获批了，我个人也希望新冠疫情可以作为一个例子，而这个例子已经向我们展现，有些情况会出现，而且会完全改变全世界人民的生活，并且会让整个两年到三年的时间全世界都发生很大的变化，所以我们要做好充分的准备。我们有这样一个概念，叫作做好充分的准备，而准备的状态其实也能够很好地帮助我们保障国家的利益。同时，我们也要做好准备来进行全球合作。比如像新冠疫情、全球卫生方面的议题，每个国家是不能够单独解决这个问题的，需要进行合作。同时，气候变化也是一样的，它也涉及国家安全、国家利益，对于每个国家来讲都是如此，所以每个国家需要做好相应的准备。对于全球来讲也是一样的，对于粮食安全也是一样的。所以我想在这些领域中，中国可以为世界作出很多的贡献。因为在农业方面，习近平主席也非常重视"三农"问题，包括农民、农业，要提供机会给低收入群体。尽管他们现在的机遇比较少，但是他们其实对于国家的稳定性发挥了非常重要的作用。因为农民是直接和土地联系在一起的，他们能够知道现在发生的情况，包括环境的恶化等等，所以其实他们是第一批受影响的人。俄乌之间的冲突爆发时，很多国家可能会出现粮食危机的问题。而这又会进一步加剧移民潮，引发更多粮食安全问题。

我的期望就是从现在到 2035 年之间，我们能够持续地看到一些进展和进步。当然最重要的就是技术的变革，我们今天还没有谈到，但是我还想讲一下技术是带给我们希望的。同时，它必须要为人服务，而不是去服务这些私人领域或者服务这些跨国公司，这是我们没有讲到的另一个领域。我们讲到了国家，讲到了人民，讲到了国与国之间的关系，但是我们不能忘记这些跨国公司手中有多大的权力，而他们是不考虑人们的利益的。他们的权力非常大，他们的影响非常大，他们的影响是跨国的，而且他们能在不同的背景之下都获益。所以我们要看一下这些国家如何处理国家和跨国公司的关系，如何理解自己在粮食安全方面的诉求，如何处理与农民的关系，以及他们如何应对这样一个非常复杂的世界。我认为作为一个梦想家，合作在很多领域都是非常必要的，这些合作领域至关重要，而其他存在冲突的领域也需要得到解决。我们不能忽视这些问题的重要性，我希望能够回答您的问题。

王文： 您讲了很多希望，我是非常同意的。首先一个核心就是希望未来能够有更多的多边主义和合作，这些合作将会决定 2035 年人类社会是继续下坠，还是能够力挽狂澜，重新回归到人类社会不断前进、走向更好未来的轨道上。对中国来讲，我们按照"十四五"规划和 2035 年远景目标，以及刚刚结束的二十届三中全会通过的《中共中央关于进一步全面深化改革、推进中国式现代化的决定》，都对 2035 年有一个更加积极的展望，我相信您也能够从中国相关的一些文件和设想中感受到。我们今年也出了两份报告去展望 2035 年，我们认为 2035 年从经济总量的角度来讲，大概率中国会超过美国成为第一大经济体。2035 年中国的 GDP 总量相比于 2020 年会翻一番，那就意味着中国人均 GDP 将会超过 2 万美元。从这个角度来讲，中国还会给世界作出更大的贡献。今天我们没有更多的时间谈中美关系，但是我非常同意您的看法，我希望在未来 15 年左右，中美之间能够更好地去处理相互之间的分歧和在一些关键利益上的矛盾，我相信中美两国都有足够的智慧去处理这些看上去比较棘手的问题。因此，在接下来的十年中，我们可能会看到全球面临的许多关键问题，包括粮食问题、气候问题、科技创新等方面，希望能够找到更好的解决方案。我们也希望中国的发展能够为全球人类提供更好的解决方案，作出中国的贡献。但是有一点非常关键，就是中美两国的学者应该更多地像我们这样坐下来，聊一聊，相互交流，能够相互之间更多地走动，就像保罗·法拉赫一样，多到中国来走一走、看一看。我们中国学者也应该多到美国走一走、看一看，多到欧洲走一走、看一看。相互理解，相互尊重，是寻找解决方案的一个基本方法。

非常感谢保罗·法拉赫教授，非常感谢各位关注明德战略对话，谢谢！

保罗·法拉赫：谢谢！

对话白轲：
美国人比过去更关心中国

2024年9月3日，王文对话白轲

王文： 各位朋友，欢迎再次关注明德战略对话。坐在我边上的是一位非常知名的美国学者，他全程参与了此次明德战略对话。我们过去5天朝夕相处，分别去了上海、义乌、温州，然后再回到北京。在过去的12个小时里，我们进行了深入的对话。从早上9点开始，我们参加了明德战略对话最高潮部分，跟很多顶级的中国学者、高级别官员对话，下午白轲教授和其他明德战略对话的代表团成员又同100多位人民大学的学生进行对话，到现在我们再来一对一地对话，只有一个目标，就是希望能够通过更多的对话促进更多的了解。因为种种原因，我们已经太久没有进行这么深入的对话了。今天的嘉宾是白轲，他的中文名字富有浪漫色彩。白轲是来自美国宾夕法尼亚州立大学的一位知名教授，他教授公共事务以及与之相关的诸多问题。在过去的5天里，我被他丰富的学识所折服。我想问的第一个问题是，过去5天里您对中国最深的印象是什么？跟过去来中国最大的不同在哪里？

白轲： 我上次来中国还是2019年，现在是2024年，疫情阻隔了5年时间。让我惊喜的是，中国展现出的活力是我们在世界其他地方无法想象的。所以对于中国所表现出的活力，以及在同一个地区之内所展现出的这些差别，都是非常让我感到惊喜的，包括当地的文化和人民的行为。

王文： 当您说到"活力"的时候，其实这个词在西方的很多媒体上，尤其在美国的很多媒体上近一两年来并不多见，他们只会把中国单向的经济发展视为"中国见顶论"。甚至有一些媒体认为中国现在经济不行了，产生经济危机了。我每天看《华尔街日报》时常感到气愤，从去年8月份起，该报就开始开设中国经济衰退的专栏，每天有一篇到两篇文章专门写中国经济的衰退。但是在过去的5天里面，我们一起去了义乌的夜市，那里依然繁华，晚上8点、9点仍然人潮涌动，人们享受着购物和夏夜的热闹。作为一名美国的教授,您怎么理解当下美国的很多媒体不断地在唱衰中国的经济?

白轲: 在媒体方面,我觉得其实每个人都有权利对任何事情做出评价。无论他们关注的是什么,这些评价也可能会有非常大的差别。我先来讲一下大的情况,然后再聚焦到小的方面。确实新冠疫情从全球的角度来看,无论是经济活动、贸易关系还是不同国家之间关系的本质都发生了非常剧烈的变化。而现在的国际环境越来越充满挑战,这就是疫情之后的情况。同时,由于疫情的影响,各个经济体在某些领域都面临挑战。

从这个角度,或者把它作为一个基线来观察,当然有一些国家,包括中国的转型没有经历某些领域的挑战,尤其是疫情所导致的挑战。如果我们把一个经济体中的各个方面概括一下的话,我们可以很公平地说,意大利或者其他国家,其实多多少少在同样的背景下面临着一些问题。当我们看到媒体报道的时候,他们希望能够以一种非常宽泛的角度来概括所有现象。再进一步问一个问题,也就是他们具体问的是什么,我们要看一下他们对比的基础是什么,他们使用某些术语时真正的意义是什么。在这样的背景下,我们需要非常有智慧地在更广泛的范围内阅读这些文章,否则的话,所呈现的画面是完全不同的。

王文: 的确如此,我觉得在美国对中国的看法方面,各种观点都有。然而,最近却出现了一波对中国的集体唱衰攻势。我们称之为美国对中国发动的舆论战,甚至是认知战,试图塑造全世界尤其是美国人对中国的一些认知。所以我去美国,接触了很多美国普通老百姓,也看了很多美国的报道。当我在美国与普通民众交流时,发现他们对中国的看法比过去差了很多。许多美国人认为中国是威胁,是一个糟糕的国家,充满共产主义色彩。在这样的前提下,现在似乎美国整体舆论对中国并不友好,您是怎么看待这样的舆论的?我们能够在这样的舆论环境下做点什么?

白轲：我非常同意您讲的观点，尤其是当我们看到美国人有这种想法时，其实他们也是遵循着领导人的想法，而美国领导人的观点也会进一步在媒体中得到反映。中国和美国之间的政治关系和经济关系发生了变化，在更广泛的范围之下，中美关系面临着更多挑战。美国领导人对中国整体的观点就是否定的，比如他们认为中国是挑战，或者认为其他的发展中国家经历了转型，对他们形成了挑战。但是从另一个角度来看，也很难一概而论地说，事实上人们现在都非常害怕中国，或者所有的美国人都对中国持负面的看法。我想最好的一种方式，就是要去思考双方这种叙述方式的本质是什么。大家现在可能比过去更加有意识地关注这个问题，他们希望能够得到一定的指引。大众其实一直都希望能够得到一些领袖的指引，而这些也都会在报纸上得到反映。所以我认为一般民众的认知也反映了高层所给予的指引。当然我们现在看到一些极端的表述，比如中国的意图或者中国的威胁。我认为从媒体的角度来讲，他们更加谨慎、更加小心。而对于一般大众来讲，过去他们可能觉得中国是没有问题的，但是现在媒体上听起来好像中美之间有问题了，他们就会担心这个问题。我们的领导人也在告诉我们这些问题，并希望能够解决它们。这是在美国发生的情况。所以我们要更加深入地了解这些情况，也就是美国公众可能他们也并不知道真正的情况是什么，或者也并不了解中国和美国之间的善意。

王文：美国的公众对于真相了解得并没有我们想象中那么多，这是我这些年来对美国的研究所得，我 2008 年还在美国短期工作过，陆陆续续去了美国三五十次，去了二十多个州。过去我一直认为美国是真正的言论自由，但是逐渐地我发现，好像美国的言论自由是有边界的。过去我总是认为美国人因为在所谓的"言论自由"下应该变得非常"Open-minded"，非常开放，可以知道世界上所有的事情，至少比我要知道得更多。但是我们突然发现，美国老百姓很屈从于权威。所以从某种角度来讲，怎么理解当下美国社会的闭塞,以及在这种闭塞的环境下中美关系的未来?我们又该如何处理和防范在这种情况下出现的中美之间的许多不确定性和风险?

白轲:这是一个非常好的问题,当然有很多答案,而且我们需要慢慢地解开很多疑点。一方面确实美国有很多人,首先会担心他们的家庭、他们的工作、他们生活的城市,他们会关注这些范围内的事情。但是对于更大范围的事情,他们可能觉得自己每天都要工作这么长时间,下班后还要照顾孩子,和孩子一起玩耍,照顾父母,所以可能只知道自己所在城市发生了什么,离自己越远的地方,可能越不感兴趣。所以对于我来讲,我觉得这并不奇怪。美国的中产家庭可能并不知道中国的国家主席是谁,可能也不知道隔壁州的州长是谁,他们并不介意,因为这并不影响他们的生活。

但是从另一方面来讲,回答第二部分问题,在现代科技时代,尤其是在美国的民主体制之下,如果我太忙而不知道一些情况,但如果我突然觉得需要了解,我只需 30 秒上网,输入信息,就能迅速找到答案。所以虽然美国人可能缺乏某些知识,但他们的注意力集中在他们需要关注的事情上。无论在中国还是在世界其他任何地方,都会发生这样的事情。所以从这个角度来看,我想过多地解读这个事情可能是错误的,而世界上很多人他们主要的关注点是自己的家庭、自己的工作和自己的朋友。

王文:从这个角度来看,相当多一部分批评是针对美国社会心灵的封闭,我们也从这个角度重新认识美国。您肯定认识很多中国人,实际上过去的 20 年,中国人对美国人的认知是走向了"祛神话化"。 20 年前,我们对美国的看法往往是崇拜,甚至认为月亮在美国看得更圆。我于 2022 年 8 月在《纽约时报》的评论版上发表了一篇很长的评论文章,讲述了过去 20 年我作为一个中国人对美国看法的变化。过去 20 多年美国的神话不断地在破灭,我们重新认识美国,最大的一个变化是情感的转变,从崇拜转向失望。因为作为超级大国,美国并没有发挥出应有的领导力和榜样作用。您在美国是否能感受到这样的危机?是否能感受到美国面对这样的危机,目前仍然找不到相关的方法来扭转颓势?您是怎么看的?

白轲:是的,您刚才其实提出了一个非常有意思的观点。我还记得,来自亚洲、非洲、南亚或者拉美的移民,往往具有文化敏感性。我们知道,美国对于中国来说可能是一个情况非常复杂的地方,存在很多不同的政策问题。与此同时,我们可以看到,对于中国和中国人民来说,最为重要的一点是,美国人是从美国人的视角去看中国的,实际上中国只是在这样一个大的动态格局里面需要观察的对象之一。所以在这种情况下,我们实际上并没有必要对移民产生普遍的担忧。从我们的讨论中可以看到,在很多情况下,人们需要非常谨慎,因为看上去这样的一种具体态度,放在另一种情境里面可能是良性的。但是由于变化,包括中美关系这种变化的实质,我还需要再用一个词,那就是美国人需要更加谨慎,很多人把它解读为对于邻居的担忧。对于美国来说,绝大部分的社区都对其进行了负面的解读。但是这也会有一些在社会方面的影响,或者在法律方面的负面影响。对于大多数人来说,他们都希望不断提升,尽管永远不可能做到完美。在某种程度上,人们对这种正式关系的理解或解读可能会引起相应的影响,这些实际上都是相关联的。我对此没有太多担心,尤其是从长期的角度来看。

从更广泛的意义上来讲,我们可以看到,美国在面临危机的时候可能会情绪非常激动,但是很快就会让这种情绪过去,然后继续前行。在20世纪40年代初的时候,美国人对德国人和日本人的看法是非常负面的,但是现在这两个国家成为美国最强大的盟友。所以大家可以看到,在某种特定的时候,人们的看法是基于特定情境的,而这个情境是在时刻动态变化的,对于中美关系也是如此。

王文：我也很赞同，不同的时代，不同的时期，可能相互认知也会发生不一样的变化。对于中国人来讲，对美国的看法这些年来的变化也是显而易见的，中国的国力变得强大，中国人对美国的看法当然也会发生变化。其中一个很重要的变化，不仅仅是对于美国的国力，还包括对于我们过去经常讲述的"自由"这个词的看法变化。我记得年轻的时候到美国去，我们在稻田里面游玩，拿着米粒相互之间扔着撒，当作我们相互之间的战争。这个时候我突然发现，美国人那么爱自由。因为在中国的语境下，我们率领队伍往前冲的时候，军方的口号，军事上的口号叫"冲啊！"表示一种往前冲的鼓励。而美国往前冲的口号并不是"冲啊！"而是喊"Freedom！"可见美国人对于自由的热爱。但是问题是，当你对自由过度偏爱的时候，自由就会"超载"，是一种过度的自由，整个社会无法承载这种对自由的容纳和开放。最有意思的是，这些年来在美国所发生的种族歧视、枪支泛滥，以及刚刚结束的巴黎奥运会中出现的LGBT多元文化安排，这些观点是我们中国人无法接受的。所以对于自由我们也重新有了看法，由过去的崇拜，到现在对美国式自由的重新认知。这种自由价值观念的变化，您作为美国法学和公共政策问题的教授，您是怎么看待的？

白轲：这是一个非常棘手的问题，但其实也很简单。我先从简单的开始。简而言之，历史情境非常重要。就像您刚才所说，实际上，我们所说的西欧的自由模式和美国、加拿大的自由模式是不同的；在东亚，中国以及日本的自由情境模式也不一样，这为我们提供了不同的社会起点。我们出发点不同，对于自由民主国家，其根本性的起点可以追溯到17世纪，这是一个非常长的历史，我就不赘述了。与此同时，随着法国大革命的到来，社会关系秩序的核心逐渐转向个人。国家实际上是一个工具，用来促进个人在社会关系中的实现。从这个出发点来看，直到现在，经历了漫长而复杂的历史，我们可以看到，社会的组织方式必须满足个人的需求。对于政府来说，它也需要促进其他人或我们所说的个人实现自我满足。从《宪法》的角度来说，在20世纪50年代，德国的基本法中就谈到了人的基本权利，包括罗马天主教等相关内容。与此同时，当我们的文化中加入这样一些法律的特性或者解读时，就像中国社会或者日本社会，在这种情况下，可能在你们看来就是一种混乱。在这种情况下，我们似乎看不到秩序的路径或者说管控的路径，因为秩序的路径是不一样的。对于中国来说，集体主义非常重要。

与此同时，我们可以看到西方更尊崇的是个人主义，而对于中国来说，个人有责任促进整体的利益，对于自我的认知或者概念是非常不一样的。美国人看到中国的体系，会惊呼中国被一些集体管控了，比如政府，这是"令人窒息、非常可怕的"。东亚，这里以中国为例，当中国人看到美国人的时候，可能会认为美国人是一群疯子，美国社会很混乱，基本上都要崩溃了。所以总的来说，根本的社会秩序是不一样的，从外部看上去可能要崩溃了，但其实并没有这样。在中国这边也是如此，并没有这样僵化、严格的控制，基本的秩序是不一样的。所以在这样一种情况之下，我们就可以更好地来理解。很多中国的学者看到美国可能会觉得"你们是不是疯了？"有时候，当我们接触到它的表象时，貌似是这样，但实际上并没有像外部人们想的那么糟糕。对于东亚的秩序，美国人可能会看到日本、中国，会觉得你们实际上就像是"仆人"一样，实际上这并不是在中国和日本发生的真实情况。确实从中国的角度来说，美国看上去似乎是失序的，但是我们在自己的社会中，有自己的一套秩序。之前您也谈到了转型、社会性别自由，包括各种各样不同的性别定义等等。实际上这是一个动态的对话，不断地在发生着演进。但是我们还是需要谨慎，我把它看成是潜在的稳定性危险。

王文：关于双方之间对自由不同的理解，的确从东方来讲，包括中国、日本、韩国，甚至东南亚，我想东方人的文明中对于自由的定义是希望能够让渡一些个人的自由，进而获得更好的社会秩序，我想这是中国和整个东方文明下一种共同的特质。所以在中国会看到中国城市相对干净，我们很容易组织几千人的队伍或开展活动，这对中国来讲都是非常轻而易举的事情。中国两千年来都遵从着孔子说的"君君臣臣，父父子子"的一种理念。正如刚才您说的，双方相互的理解变得越来越重要，并不是贬低谁，而是相互理解。因此，这样的相互理解也衍生为现在两国关系进一步紧张的一个解决之道。换句话说，要解决当下中美之间的紧张，恐怕相互尊重、相互理解、相互认知就变得比过去任何时候都更加重要。

但是问题是现在看来又回到了老问题，相互认知、相互尊重恐怕越来越不容易。比如说，中国反复跟美国白宫讲，不要触碰台湾问题，台湾是中国的核心利益。但是你会发现，至少从拜登政府的角度来讲，并没有完全遵从中国人的建议或者要求，仍然不断地干涉台湾事务。再比如说新疆、西藏等问题，中国一直主张不干涉他国内政，但是美国政府不断地在这些问题上挑衅中国主权，当然美国有美国的理由。所以从这个角度来讲，我们似乎看不到在不远的将来能够让美国完全不干涉中国内政的可能性。似乎中美之间还是要回到靠实力说话的层面。所以越来越多的中国人认为，只有中国变得更强大了，中美两国之间的关系可能才会变得更好，这是越来越多中国人的认知。在您看来，中美两国之间如何解决当下相互不尊重、相互认知不充分的问题？

白轲：这是一个非常有趣的问题，而且也是一个比较敏感的问题，我先从一个可能会有争议的立场开始，但是我想这一点是非常重要的。有些时候，如果人们有不同的观点或者双方有不同的观点，他们可能会相互干预，而干预就是不应该发生的。另一种情况是批评，批评和批判是可以被接受的，别人可以倾听并反驳，从而使一方变得更好。在现在中美关系的当下，这样的一条界线，也就是人们听取彼此的这样一个方式，在批判和干预中间的界限被大家忽视或者忘记了。就像兄弟姐妹之间的关系一样，我也知道毛主席之前也讲过批评和自我批评，其实这也是讲到人们之间的关系。对于国家之间也是这样的，就是双方如果双向来进行讨论，可以共同进步，并不是说另一方就要按照批评的这一方来做，他们可以回应，回应的方式就是"我不同意你的观点，你说的是错的"。与此同时，每一个国家都有这样一个权利来批判别人，但是需要进一步向前展望。

王文：您说得对，批判和干预是不同的，干预是不可接受的，因此我们要很好地区分这两点。这也是双向的，因为这不仅适用于中国接受美国和欧洲对中国的批判，另一方面，中国也可以将一些做法视为批评，表示感谢但不会采纳。而中国的批评或者批判，对这些自由民主国家来讲，他们也会讲一下这些跨国公司的情况，会讲到这些公司的供应链，要获得这些信息，让他们来披露自己在中国分支运行的数据。同时，还要求他们要符合本国的法律，中国就会在这方面批判西方国家的做法。而从西方的角度来讲，如果批判太多的话，他们也会认为这是对欧美控制本国公司能力的一种干预。因为这些跨国公司是属于欧美国家的，所以他们可能也会认为这是一种干预。当然还有其他的一些法律，比如《反间谍法》等等。所以我觉得在这方面双方的情绪可能会越来越高涨，我要跟您分享的最关键的一点，也是最重要的一点，当国家在这方面投入太多情绪的时候，尤其是在双方这种兄弟姐妹关系关注太多的时候，他们可能会忽视掉在干预和批判之间的差别。因为批判其实是要双方对话，要找到解决方案，一开始是基于批判，但是后来就沿着干预的方向去发展。当然我们要假设，证明到底是干预还是批判。

相互认知层面上还应该更加精细一点，更加精准一点，不要把什么都视为是一种敌意。实际上两国之间的确有相当一部分人把对方视为敌人，这在我看来是中美关系中非常严重的问题。我认为中美两国之间可以有竞争，当然我们呼吁有更多的合作。但是如果相互之间都把一些看似合理的事情视为敌对，那对于两国关系来讲的确是一种灾难。从这个角度上看，我觉得我们应该更多地呼吁相互的认知和合作。

展望未来，我认为未来的10年中美关系并不轻松，甚至有一些智库的报告认为中美两国在未来10年会发生战争。我每次看到这样危言耸听的标题时，内心就觉得如果中美两国真发生战争，那恐怕就是一场悲剧，不仅仅是两国之间的悲剧，更是人类的悲剧，是不可想象的。所以在这样的节骨眼上，我们展望一下未来10年，未来10年中美关系会怎样演变？您是怎样看待2035年时的中美关系？

白轲：接下来就戴上我的"魔法师的帽子"。我其实没有办法获得任何国家机密，只能是猜测，但是我可以分享我的猜测。我想中国和美国都是非常伟大的国家，它们都经历了很多苦难，现在又成了非常重要的国家。因为它们有足够的智慧，从历史中学习经验，不再重复一些错误，这是基础。我们也可以看到欧洲的国家其实基本上失去了一切，它们过去的帝王顷刻间就没有了。回顾那段历史，那个时候这些人其实是非常愚蠢的，而且也误导了民众。在中美关系这样一种情况之下，战争对于两个国家来说不仅是灾难，而且对于世界来讲也是灾难和悲剧。我们现在就应该知道这一点，因为我们已经看到了过去一个世纪这种破坏的情况。有很多不同的方式能够帮助我们来调节这种情况。

这就引出了另一个问题，我们首先要考虑历史，然后确保人们的热情和关注是在自己的家庭，但这并不一定适用于全球的伙伴关系。所以考虑到这一点，并且假设两个国家的领导都有非常合理的想法，都知道我们在未来会有挑战，而整个全球和国际社会会有变化和重新调整。到2035年的时候，中国和美国之间将会有一个新的稳定的关系。

王文：我非常赞同我们从历史中吸取一些智慧，更重要的是要非常小心地处理两国关系。我们总是认为这些小心谨慎的举措一定会换来更好的未来，所以中国多次提出要跟美国构建相互尊重、合作共赢的新型大国关系并一直在努力这么做。

我想问最后一个问题，按照二十届三中全会相关精神，我们对 2029 年有了更系统的部署，2035 年我们提出的目标是基本实现社会主义现代化，2050 年要建成社会主义现代化强国。作为对中国有不少了解的一位美国教授，您如何看待 2035 年的中国和世界？2035 年的时候中国和世界应该是什么样子的？

白轲：这是一个非常完美的问题，而且也是一个非常适合作为收尾的问题。中国到现在已经开创了最为根本的发展路径，也就是从 2020 年到 2035 年的发展路径，而这也会对世界产生非常积极的影响，中国将会继续沿着这样一条道路发展。尽管可能会面对很多挑战，不仅要实现中国自身的发展，而且要有能力提供一些基本的框架，尤其是以"一带一路"为范本供其他合作伙伴国家参考。任何一个具有领导力的国家都应该处于发展最前沿，而且能够引领全球的发展，当然一定要有耐心。比如在 20 世纪 70 年代和 80 年代的时候，日本就引领了很多国家的发展。中国也已经发展了一系列的方法，包括治理和现代化的方式，这为许多国家提供了范式和模式，成为其他国家可行的选择。如果中国能够而且愿意保持一定的耐心，并且坚持不懈的话，一定会有一个非常好的前景，也就是中国式的现代化能够为全球所用。

王文：中国也努力把我们自己的事做好，进而成为越来越多国家尊重的榜样。中美之间归根结底的竞争恐怕就是谁把自己的事情做得更好，而不是谁能打倒谁。我不认为中美之间谁能够把对方打倒。当然在这方面我对中国有信心，我们也祝愿美国能够做得更好。特别感谢今天白轲教授做客我们的明德战略对话，过去的5天我们一起度过了非常美好的调研中国之旅。我们非常期待白轲教授未来还能够继续来中国开展更多的调研。谢谢各位！

对话顾爱乐：
中国仍有很大发展空间

2024年9月3日，王文对话顾爱乐

王文：各位朋友，欢迎大家关注明德战略对话。这一期的明德战略对话我们请到了一位非常重要的欧洲学者，来自比利时的欧盟亚洲事务研究所所长顾爱乐先生。研究汉学或者研究海外中国问题的学者对顾爱乐先生应该非常熟悉，他在欧洲非常有影响力，在过去的二三十年做过大量的报告，提出过一些具有穿透力的观点。在过去的5天里，我几乎与顾爱乐先生形影不离，调研了中国南方的很多城市，比如上海、义乌、温州。今天一整天我们都在中国人民大学，跟多位重要的高级别官员、知名学者以及人民大学100多位师生进行了非常有趣的对话。这次明德战略对话我们邀请了11位来自美国和欧洲的学者，顾爱乐先生是本次对话的代表团团长。今天我们把他请到了演播室，希望跟他继续畅聊刚才没有聊完的很多话题。您到中国已经很多次了，这次感觉跟过去有什么不一样？

顾爱乐：每次来中国我们都能观察到很多变化，尽管可能只隔了两三个月或者六个月，中国在快速地发展，这是我非常感兴趣的一点。

王文：我有时候很疑惑，比如我经常去欧洲，新冠疫情以后，我四次前往欧洲，共拜访了11个国家。事实上，欧洲的20多个国家我几乎都去过。在中国我们经常讲变化，但是在欧洲我们实际上看不到很多变化。所以在变化和不变之间，您怎么看待中国的高速变化和欧洲的几乎不变？这个背后能给我们带来哪些思考？

顾爱乐：欧洲也会发生一些变化，当我们将中国的现状与四五十年前进行对比时，可以看到非常快速和巨大的变化，从量的发展跃升到质的发展。而欧洲过去经历了非常长期的社会发展和进步，欧洲也有变化，但是中国现在已经到了高质量发展的更重要的阶段，中国人讲从0到5的增长是无限倍的，从5到10的增长是翻倍的。但是一旦发展到了一个比较高的阶段，可能就很难再次翻番，这时增速就会放缓，比如降到5%左右。但是发展的质量也是非常重要的，所以这可能是一个变化，也就是从量变到质变的过程。

王文：这个时候我们需要探索接下来中国的高质量发展，中国的高质量发展其实追求的不是速度，更多是质量。在过去的5天里，您也可以看到中国在民生方面的许多高质量变化。比如我们这次去了新农村，看到了农村人的生活现状。我们两次体验高铁，三五百公里只需要短短的一个多小时。我们也感受了中国的夜间经济，晚上10点、11点的夜市仍然非常热闹，展现了中国人更加丰富的生活。

但是问题来了，为什么在中国现在强调更多高质量发展的时候，西方又有另外一种说法变得越来越流行，就是过去两年流行的所谓Peak China，"中国见顶论"。您对中国有很深的了解，您怎么看待这一观点？

顾爱乐：首先从人口的角度来看，西方认为中国的人口可能会下降。这就会带来人口方面的问题，比如人口老龄化，但是我持相反的观点。中国社会开始从重"量"变为重"质"，所以可能从量的角度看经济增速放慢、人口数量下降，但是人民生活质量在不断改善。与此同时，虽然劳动力人口可能在下降，但是自动化、制造流程已经非常先进了。中国在高技术领域的快速发展，以及在工业、制造业和加工业方面所需的工作岗位并没有特别多，这意味着对劳动力的需求量也随之下降。我们能够提供更多高技能、薪水体面的工作，这也是一种未来非常好的发展方式。

在欧洲，人们对中国有不同的观点。中国人其实也有企业家精神，我在过去几年中见证了这一点。同时我们也能够看到转型中的中国是一个资本自由发展的社会。更具体来讲，人们现在都有成为创业者、企业家的自由，这也是人们可以利用的机会。同时中国的市场竞争力也在不断增强，人们需要更加努力地工作，也希望能够获得更高质量的生活。因此在某些方面，仍然需要付出非常多的努力，人们也非常有抱负和愿景，这也是一个变化。劳动力市场的组织方式也会发生一定的变化，帮助人们实现思维方式的变化，这是非常积极的一面。同时，我们也认为在未来几年人们的思维方式也会进一步变化。欧洲对于劳动力市场的保护水平是非常高的，因此人们不需要工作那么长时间就能够取得比较好的结果。

王文：所以您认为那些"中国见顶论"的说法，现在看来是完全错误的吗？

顾爱乐：是的，我并不觉得中国现在见顶了，我认为中国仍会有很大的发展空间，实现进一步的发展。当然，一方面中国在生产力和工业发展方面已经非常先进了，人民生活质量也已经有了非常大的提高，但是中国还有一些地区仍处在起步阶段，还需要经历这样的变革。因此如果要实现所有地区高质量的发展，或者实现同样高质量的发展，可能还需要一定的时间。对于整个国家，对于全体人民来讲，中国也在创造一个非常重要的国内市场。如果人民的生活水平能够得到极大的提升，那么国内的市场就会越来越发达，也能够创造新的、更加强大的经济力量。因此，中国需要在经济上更独立，减少对出口的依赖。

王文：我非常赞同您的看法，我并不认为中国经济见顶了，事实上我一直认为中国仍然有巨大的增长空间。我们这次去新农村，同行的保罗教授跟我讲，他第一次到中国农村的时候，还有很多旱厕，没有马桶。他感到非常惊讶，里面还有很多苍蝇，非常暗，非常脏。于是我跟他讲，您知不知道中国现在还有很多农村是没有马桶的，大量的农村居民是不喜欢马桶的。

再举一个简单的例子，现在高铁非常方便，但是中国14亿人中还有将近10亿人没有坐过飞机。在德国大概有几千个机场，在美国有1万多个机场，而在中国只有大概300个机场。在中国很多城市是没有机场的，比如上海边上有一个非常大的城市苏州，有1千万人口，就没有机场，必须要借助上海的机场。再比如广州和深圳之间另一个千万人口的城市东莞也没有机场。因此，中国的航空业也有比较大的潜力。

刚才我有幸当了您的司机，载您坐我的新能源车到我的办公室楼下。尽管中国现在每年销售大约3000万辆汽车，占全世界销量的60%，但是即使有如此大的销量，在中国还有10亿人没有驾照、没有车。所以这么大的一个市场潜力足以支撑中国经济未来的增长，顾爱乐先生肯定也很了解。当中国继续增长时，欧洲、美国感受到了压力。所以另外一种观点就认为，中国不断地增长可能会形成巨大的竞争力，进而破坏现有规则，打破国际秩序，甚至可能颠覆以美国为首的国际秩序，成为新的霸权。您怎么看待这样的观点？

顾爱乐：您的问题实际上是由不同的部分组成。首先，如果公共基础设施非常完善，人们是不需要这么多私家车的。我们可以看到在欧洲的一些主要城市，人们现在越来越少买车了，因为如果车辆太多，就必须不断地修新路。如果不修新路，车辆越来越多，交通拥堵就会越来越严重。车辆越多，需要的道路越多，可供使用的空间就越来越有限了。这就好像香港、新加坡这样的城市，其实很少人开车，而公共交通非常完善，可以触达任何地方，人们甚至不需要一辆私家车。在中国，比如从苏州到上海，我们有非常快速的高铁，非常完善的基础设施，这种情况下高铁就已经可以满足人们的需求，不再需要另建一个机场了，因为如果有一个苏州的机场，从苏州飞到上海其实是没有意义的。在欧洲也是同样的情况，比如从布鲁塞尔到阿姆斯特丹，或者从布鲁塞尔到巴黎，可能需要两个小时办理很多手续才能登机。所以在这种情况下,坐高铁更高效。中国也对公共基础设施进行了非常好的规划。空中基础设施也是公共基础设施的一部分,航空公司的运营依托于公共基础设施。因此,如果我们能有规范、完善的架构,实际上就不需要建那么多的机场。中国当然可以比美国建更多的机场,但这样做其实是比较荒谬的,没有必要。

王文:您从另一个方面解释了这个看法,中国目前发展的潜力仍然非常大,如果公共交通非常发达,就不需要私家车。但是从汽车拥有量来看,中国每千人的汽车拥有量远远少于日本、德国、美国,也少于比利时。如果我没有记错的话,在美国、西欧一些国家,每千人拥有的汽车量在700辆左右,而在中国,每千人仅仅拥有大概200辆汽车。无论未来的公共交通会如何发展,多数人还是希望拥有自己的车辆,而这样一种对生活品质的向往和追求构成了经济增长的无限动力。在这个过程中,我们要看到中国经济增长的潜力。

在如此巨大的潜力下,中国对世界的影响力也在不断增强。然而,美国和欧洲的一些媒体将这种影响力视为负面,甚至是一种威胁。顾爱乐先生,您怎么看待中国如此巨大的经济潜力所带来的世界影响力?

顾爱乐:中国应该着眼自身实际的需要,而不是去和其他国家进行比较。如果人们买车仅仅是为了彰显社会的身份和地位的话,那其实这并不是真正的需要。比如我的邻居,他的妻子买了一辆车,只是为了500米的距离把孩子送去上学。我的妻子为了和邻居竞争,买了一辆更漂亮的车,结果也是为了500米的距离送孩子上学。如果大家都这么攀比,交通的拥堵就无法想象了。当然,每个人都希望拥有更好的车,但是这和对车的真实需求不是一回事。最终,中国政府在发展汽车产业方面是不遗余力的,很多对汽车的实际需求也是真实存在的,同时中国也有能力来制造高质量的汽车。这也是一个非常好的机会。在中国制造高质量的汽车没有任何问题。中国发展自己的汽车产业,这些工程师可能会在车厂工作10年甚至更长时间,去开发新车。

关于这一点,外国的公司并没有把最先进的车型带到中国来,从一开始其实就是这样。因此,开发中国自己先进的汽车产业是一个非常好的想法,中国政府在这方面的预测是非常精准的。我们仍然需要对真实的需求进行预估。以欧洲为例,虽然我们有很多人拥有车辆,但交通拥堵也非常严重,所以现在大家也在主张是否可以通过拼车的方式来减少车辆拥堵,提高汽车的使用率等等。更重要的是,我们要去关注真实的需求,交通、出行这些问题都必须要以真实的需求、战略需求为导向。

关于您刚才的问题,中国其他产业的发展是否会被西方和美国看成巨大的挑战。首先,中国其实已经是一个非常具有竞争力的市场了。比如有一些来中国的欧洲公司其实并没有准备好进入一个竞争如此激烈的市场。所以当他们面临困境的时候,他们就会抱怨中国,这是因为他们没有做好充分的预期和准备。所以中国是威胁吗?还是说他们自己的公司没有足够的竞争力?这是一个主要的问题。也许就在不久之前,西方一些国家,包括欧洲,曾向中国提供一些发展援助,目的是让中国进一步发展。而中国现在已经发展起来了,他们又说中国成了竞争对手,当初为什么要给发展援助呢?当这个国家最终实现了发展之后,他们说你现在太具有竞争力了,我们比不过,这又有什么意义呢?

其实之前的日本也是类似的情景。日本早期也制造一些相对廉价的产品。之后很快日本的产品性价比和质量就很高了,尤其在某些经济产业对西方形成了巨大的竞争。突然日本的产品或者一些产业开始替代美国和欧洲了。比如照相机行业,基本上日本当时已经成为世界上最重要的高质量镜头和照相机的生产国。这时欧洲才意识到不能低估日本在这方面的影响力。与此同时,技术、经济的发展在日本逐步地稳定下来。当然,现在西方已经不认为日本是一个威胁了。我们会看到一些日本公司投资于欧洲、美国的制造业，这是一个全球化的进程。

中国的发展如此迅速，尤其是在经济领域，实际上是欧美等西方国家没有预料到的。突然之间中国的电动车取得了如此巨大的成功，他们需要时间来吸收和消化。但是在一段时间之后，形势会重新平衡。中国的人口数量巨大，远远高于日本。中国非常了解如何管理人口和快速发展的经济，形势会出现再平衡。从经济的角度来看，会出现一个再平衡的过程。

王文：在这个发展进程当中出现了诸多问题，的确需要我们重新评判。现在明显感觉，无论是欧洲还是美国，对中国的崛起心里总会不痛快。过去 10 年，再拉长一点，过去 20 年，欧洲和美国几乎没有人能够真正预见中国崛起得如此之快。中国崛起速度之快超越了美国和欧洲的想象，导致了您刚才讲的，无论是欧洲还是美国，对中国的政策其实呈现出摇摆状态。当然在 2018 年特朗普把中国视为最重要的战略竞争对手之后，美国对中国的政策才出现了定型，但欧洲对中国的态度到底是朋友还是对手，甚至还有人认为是敌人，这一点并不清晰，我对此感到非常疑惑。顾爱乐先生，您怎么看待欧洲人眼中的中国观？

顾爱乐：首先，这些高污染、低成本的行业过去是在亚洲，其实主要是在中国，所以西方国家非常高兴地看到中国在生产这些行业的高污染产品，只要中国在不断以低成本的方式积极生产，而且有污染的生产是在中国的话，那么西方的人们都是高兴的。中国现在正朝着高科技的方向发展，尤其是在制造业中大规模地应用高科技，这并不是很多欧洲人所能预测到的，尤其是一些西方国家并没有预见到会发生这样的情况。一些行业或者大的跨国公司和集团面临的竞争可能越来越激烈，因为过去它们在中国的供应链中是有优势的，但是现在这些跨国公司有一定的劣势，不够有活力，或者创新能力不足。它们或许在经济和技术方面远远落后于中国的快速发展。这种差距使欧洲产生了一种担忧之感，即开始对中国产生害怕和恐惧。然而，这只不过是将贸易问题政治化的表现。如果批判一个离你这么远的国家非常容易，你可以轻松地把自己的问题归咎于一个离你很远的人身上，让别人来为你的错误买单的话，那么中国可能就非常容易成为一个靶子。这时他们也需要照一照镜子，去看一下其实这样的批判也可以应用在欧洲或美国自己身上。因此，这些问题并不是中国造成的，而是源于欧洲和美国内部的问题。但是这个过程，从某个角度来讲，也要感谢中国成了"替罪羊"，其实你们是在给我们提供服务。

王文："替罪羊"这个说法听得我很不是滋味，我们的的确确不喜欢这个词。我们总是觉得"替罪羊"是一些无能的人用来推卸责任的对象。但是我们想尽一切办法，想要跟欧洲和美国保持良好的关系，尽量避免关系变得僵化。中欧关系现在还是出现了一些转好的迹象，中美关系现在看来恐怕还要更困难一些。我们来讲讲中欧关系、中美关系未来的战略方向。您觉得未来这两组双边关系会变得越来越糟糕吗？会糟糕到什么程度？有没有一些设想？

顾爱乐：首先作为一个欧洲人，让我去评价中美关系可能有些困难。当然作为一个观察者，我个人对于中美关系并不持非常悲观的态度。美国内部存在许多政治问题和议题，因此中国很容易成为这些内部政治议题的靶子。

王文：中国还是成了美国的"替罪羊"？

顾爱乐：可以这么说。首先，从长期的全球经济供应链和全球经济体系看，整个供应链的结构现在已经不太可能有这种垂直的整合了。我认为在技术发展方面，尤其是在制造业，差异化体现在各个组件的集成，而这些组件本身又是其他次级零件的组合。每个地区在某些组件上都有自己的优势。因此，对于许多产品或组件而言，一个国家可能在某个领域非常专业且具有竞争力。但是从另一个角度来讲，大家坐在一起确定最终在市场上销售的产品，所以产品本身是被极大地政治化了，最终每个人还是需要彼此的，脱离了彼此还是很难发展。换一个角度讲，现在西方媒体中，很多次他们都会谈到中国，他们以积极的方式，或者更加批判的方式谈论中国。但是在市场层面来讲，无论是正面公关还是负面公关，其实都是宣传。所以这也展现出了西方国家对中国的重视，如果没有人再提及中国的话，这才是一个更大的问题。因为如果发生那样的情况，中国的重要性就消失了。所以这也是一个信号，说明其他国家也在重视中国，因为中国取得了很大的进步，对于全球来讲都是非常重要的。

王文：我们不希望媒体提到中国的时候都是负面的，或者说是消极的，甚至是抹黑的。这是多数中国人真实的心理，我也要跟您反映。另一方面，其实在中国和欧洲、中国和美国存在结构性矛盾的时候，多数中国人对于美国和欧洲解决矛盾的方式感到失望。或者说欧洲和美国有很大的区别，至少我们从美国的角度来看，解决当下这种竞争关系的根本方式仍然在重复着过去两百年大国竞争的现实主义模式。换句话说，他们希望能够打败对方，让对方失败，而不是一种共赢的模式，这是我们现在担忧的，也是感到遗憾的。

更重要的是，其实欧洲和美国对于未来世界的发展，理论上讲应该提出更多更加可行的设想。比如 1945 年二战结束以后，美国提出联合国的设想，推动了全球治理的发展。欧洲在二战结束以后不断推进欧洲共同体，最后形成了欧盟。三十年前，中国人对欧洲和美国，对未来世界提出的这些解决方案充满了期待。但是现在看来，目前的问题更加复杂，刚才我们讲到了产业竞争、人口老龄化、气候变化和传染病流行等等。面对如此复杂的问题，欧洲和美国没有提出至少让包括中国人在内的非西方世界满意的解决方案。相反，欧洲的一些媒体、美国的一些政客不断地重复所谓"修昔底德陷阱"和大国竞争之路，试图解决当下的矛盾，这让我感到有些失望。恕我直言，我不知道顾爱乐先生，您作为欧洲的顶级学者，如何看待当下这种思想的贫瘠、智慧的匮乏。我们呼唤一位大思想家的出现，就像当年柏拉图、孔子，或者像几十年前二战后那几个大国的巨头一样去设计未来的国际秩序。但是现在看来，这种设计未来解决方案的远见卓识仍然是缺乏的。顾爱乐先生您怎么看？

顾爱乐：首先您需要看一下是谁在批判中国，这些批判的观点是什么。在欧洲以及美国的媒体，尤其是一些大的媒体集团，他们的观点已经越来越趋同。而且媒体的观点已经不再那么独立了，而是彼此影响。所以在这种背景下，这些媒体的报道方式就不会像过去那么客观了，所以是谁在推动这种叙事方式是值得思考的。

对于普通人来讲，其实他们对中国的看法可能更加客观。所以不要只看一些媒体的叙事方式，也不要只看一些政客的观点。在这种叙事中，利用中国对他们比较有利，但其实本身和中国可能并无关联，更多是关于他们内部的政治问题。但是中国可能有点太在意他们这些所谓的批判或者叙事方式了，可以不用太在意，即便作为一个国家，也不用过于直接地有所反应。这可以看作是游戏的一部分，真正的驱动因素其实是完全不同的。欧洲人现在已经习惯了这种表述方式，人们会大声表达自己的观点，但这并不一定反映事实。

有时中国可能过于认真、过于严肃了，认为其他人可能也是同样非常认真的，但是其实有的时候并不如此，这样一种叙事可能是远离事实的。

这就无关乎是否需要如此认真地看待它。

王文：媒体对中国有一些评价，我们在乎的是通过这些媒体或者政客或者智库学者的思考和评价，去思考更长远的未来。如果我们仍然相互诋毁、批判，就很难有一个更好的未来。对中国的当下而言，对于未来的设计正如我们这次明德战略对话的背景，就是二十届三中全会推出了改革的方案和相关部署时间点的设计，涵盖了截至2029年未来五年的改革方案，以及2035年如何进一步落实和实现我们的远景目标。2020年的"十四五"规划提出的2035年远景目标就是到2035年要基本实现社会主义现代化，经济总量也要比2020年再翻一番。那就意味着届时的经济总量可能会达到35万亿到40万亿元之间。GDP总量要增加一倍，相当于从2020年到2035年这15年的年均增长会达到4.7%左右。

最后一个问题，我们一起畅想一下2035年。当我们聊起2035年的时候，您会在中国的文本上看到很多清晰的设想和愿景，但是欧洲有吗？美国有吗？我们期待着美国有更多富有远见的政治家、学者和媒体精英。我们很少看到欧洲和美国相关的设想，您是怎么看待2035年的欧洲、美国、中国和世界的？

顾爱乐：作为欧洲人，我其实对欧洲的情况是最了解的，我可以更多地描述欧洲的情况。对于中国来说也是一样，中国政府最了解中国人民，他们更知道在中国到底发生了什么，对于中国来说到底什么是好的。中国可以进行一些更好的战略规划，中国对自己应该保持足够的信心，制定自己的政策和规划，而不要过多关注其他国家或者其他国人的意见。虽然他们可能假装了解一切，但实际上，他们永远无法像中国自己那样深入了解中国。因此，中国必须对自己保持足够的自信。当然对于一些有意思的观点我们可以兼听。但是首先我们是中国人，我们最了解自己的国家，比任何人都要更加了解，我们应该对此保持足够的自信，自己为国家制定规划。

王文：特别感谢顾爱乐先生的对话。通过跟您的对话，我学到了很多。尤其是您反复从产业竞争、社会发展、理念层面上讲述了一个我们中国人经常讲的道理，就是做好自己的事情。事实上，中国现在对于2029年、2035年、2050年都有非常具体的规划。一个非常重要的点就是不断做好自己的事情，通过持续改革，提升高水平的对外开放，逐步让中国变得更好。中国变得更好，世界就差不到哪里去。当然，面对外部的竞争，我们会用更多的精力把外部的竞争转化为内部发展的动力，并且把风险控制在一定的范围内。这是中国当下的策略。我们也希望通过类似这样的对话，更多地推动中国和欧洲、中国和发达世界、中国跟整个西方世界更多的合作和相互理解。再次感谢顾爱乐先生，谢谢各位！

顾爱乐：最后总结一下，从我的角度，有时听听其他国家的人怎么说是好事。有时他们会去批评，但是最终每个国家都需要关注自己的问题，从而解决问题。比如欧盟也是一个非常有趣的倡议和安排，但是在欧盟内部也需要做大量工作来改善自身的状况。所以欧洲首先要关注的就是解决或者改善自身的问题，而不是过多地讨论中国，对美国来说也是一样。都做好自己的事情，比什么都重要。特别感谢，谢谢！

对话马吉特·莫尔娜：
中国经济未来增长点在哪里？

2024年9月3日，王文对话马吉特·莫尔娜

王文： 各位朋友，感谢再次关注明德战略对话。这一期的明德战略对话，我们邀请到一位非常特别的学者，她是经济合作与发展组织（OECD）中国经济政策研究室主任马吉特·莫尔娜。OECD 负责着全世界重要发达国家政府间组织的中国经济研究，也可以说是发达国家俱乐部的智库。

对我和我所在的单位——中国人民大学而言，她的身份更为特殊，因为她是中国人民大学优秀校友，1988 级的本科生。今天在中国人民大学校园中举办了明德战略对话活动，代表团的成员与中国高级别的官员、顶级学者进行了对话。马吉特·莫尔娜女士的发言获得了全场关注。我把她当作我的师姐，在这几天朝夕相处中，我对马吉特师姐的很多观点都深表赞同，尤其是她今天讲述的关于中国当下所存在的经济增长动力匮乏问题的思考。事实上，现在全世界相当多一部分人认为中国经济增长比过去更慢了，所以我们正在寻找中国经济增长的新动力。在您看来，下一轮中国经济增长的最大动力源泉来自哪里？

马吉特·莫尔娜： 非常感谢王教授的介绍。关于这个问题，我一直都在关注，全世界也都在关注中国经济增长的前景，而且更多关注的是如何找到新的增长模式和新的增长动力。为什么现在经济增长缓慢？从长期来看，这是一个必然的过程，因为人口老龄化趋势加剧，中国人口也已经开始减少，其中劳动力人口从 10 年前就开始减少。同时，劳动年龄人口占总人口的比重也已经下降了 10 多年。在这样的情况下，中国经济增速放缓是一个必然的事情。

我们预测，2050 年至 2060 年，中国人均收入将达到 OECD 成员的平均水平，但是这也意味着中国经济增速将降到发达国家水平，即 2%~2.5%。然而，如何从 5% 降至 2%，这个路线是非常重要的。例如，是由前 10 年每年 5% 的经济增速突然降至 3%？还是经济增速一点点逐年下降？抑或是明年就降到 3%？选择哪个途径取决于选择哪些改革。因为人口老龄化、人口减少导致潜在经济增长率下降，但是现在还有很大的增长空间，这就需要通过一系列结构性改革去提高潜在增长率。总之，现在潜在经济增速还保持在较高水平的情况下，比如前几年保持4.5%以上，然后慢慢下降到2050年左右2%的水平。要实现这一目标，必须通过改革来推动。

王文：您说到中国未来的经济增长率会下降到2%或者2.5%的时候，坦率来讲，我内心深处还是有点忐忑的，并不舒服。当前中国有相当一部分地方仍然相对贫穷，他们需要的是10%甚至15%的年增长率，才能在不久的将来解决他们的问题。在这个时候经济增速突然降到2%或者2.5%的水平，对于中国来讲，尤其对于中国中西部相对落后的地区未必能够接受。从中国的"十四五"规划和2035年远景的角度来看，我们所承诺的目标是从2020年到2035年GDP总量翻一番，这就意味着2020年到2035年的15年间，中国的经济平均增长率要达到4.7%，前4年我们基本上实现了这一目标，接下来中国经济增速可能会慢慢降下来。实际上，我们难以想象，到2035年中国的经济增速降到4%以下的场景。从这个角度来讲，我非常赞同您讲的改革。问题是还要在哪些方面进行结构性的改革？还有对外开放方面，在当前国际环境并不友好的情况下，尤其是以美国为首的西方国家对中国持续打压的前提下，还有哪些地方可以继续开放？

马吉特·莫尔娜：就像前面所说的，虽然中国有一些偏远地区需要更高的经济增长，但是现在中国平均5%的经济增速并不意味着全国都是5%，现在中国内地很多地方经济增速仍然可以达到7%~8%。当将来全国的平均增速降至2%的时候，也有可能这些地方的经济增速还是5%~6%，这是一个平均数，可以同时存在。

关于应该采取什么样的改革这个问题，结构性改革是最有空间的，特别是产品市场改革。和其他国家相比，中国在产品市场上的规则较多，比如说劳动市场方面改革的空间已经不大，但是延迟退休年龄可以扩大劳动力，这方面仍有改革空间。然而，其他方面如劳动雇佣制度的改革，放松的空间比较小。与国际上比较，正是因为中国劳动市场的规则并没有那么严格，比如结构比较简单，所以劳动市场比较灵活。其他国家的劳动力市场则是最大的增长障碍，剩余的劳动力都留在企业，很难流动到更好的地方。虽然在中国劳动力市场改革空间有限，但是在产品市场方面还有比较大的改革空间，如从对外开放方面来看，各个产业的情况不一样。其中，金融业对外开放的进展是非常快的，这几年开放力度不断加大。有很多指标都可以衡量这方面的开放，这些指标显示金融方面的准入越来越容易。但是其他行业的准入还是没有那么容易，比如商业服务、建筑业等领域。特别是建筑业实际上呈现出逆转的趋势，这10年来准入的门槛越来越高。另外服务业准入的规则也比较多。因此，如果通过改革取消这些规则，把外部企业引入中国市场，将有助于实现更大的收益。

通过什么路径获利？主要是通过竞争。因为有一些行业竞争对手比较少，如果准许外国企业进入，它们可以一起参与竞争。中国的经验也表明，竞争是非常重要的，特别是在制造业领域。竞争带来了制造业效率的提高以及国际竞争力的提升。关于竞争的衡量，通过调研100多万家来自金砖国家企业的数据发现，在制造业所有产业中，中国的加价率是最低的，这表明竞争比其他国家更加激烈。加价率是衡量竞争的指标，加价率越低，表明竞争越激烈。这一点也与市场准入相关。目前在制造业领域准入限制较多。二十届三中全会《决定》中就提到，要落实全面取消制造业领域外资准入限制措施，所以竞争是非常重要的。

在对比制造业各个方面的时候，比如生产率的差异，一般把美国作为标准，因为美国的生产率在全球范围内名列前茅。从中国的制造业来看，这方面的差异越来越小。虽然服务业的差距也在缩小，但是服务业的差距仍然保持在较高的水平。我认为这与竞争有关，是由于服务业各方面的规则过多而造成的。

王文： 我很赞同您讲的，要强化中国国内的市场竞争。更重要的是推进要素市场化，进而形成一个统一的大市场，使得中国能够更好地通过竞争提升全要素生产率，这是二十届三中全会改革所要追求的未来一个极其重要的发展目标。但是全要素生产率的提升需要在资源配置的过程中实现全球化，现在美国压制中国高科技的发展，看似中国要配置全球化的资源并不容易，同时国内统一大市场的构建仍然需要很长一段时间，所以中国改革之艰难，表现得非常明显。但是即使这样，我们还是不断地在推进着中国的改革，所以中国系统性地部署了2029年和2035年短中期的目标。二十届三中全会《决定》阐述了到2029年中国要完成七个方面的改革，其中提及了进一步民主化的进程、进一步市场化的进程，2035年中国要实现社会主义基本现代化。中国共产党带领中国人民推进改革的决心是坚定的，步伐也是坚定的，只是道路有些艰难。在过去几年里，中国面对如此艰难的改革形势，似乎西方并不看好，甚至相当多一部分人士中出现了所谓的"Peak China"论断，您怎么看待那些人对中国的这种揣测、打压、抹黑、低估等看法？这会打压世界对于中国经济的预期吗？您怎么样看待所谓"Peak China"的看法？

马吉特·莫尔娜： 我们是国际组织，所以我们不管看什么，必须要站在客观的角度，我们观察中国经济各个方面的进展也都是尽量站在客观的角度。中国经济增速放缓是一个客观事实，而且是必然的过程。因为是必然的，所以没有太多可以谈的。中国应当找到一个办法，让这个过程保持在比较稳定的道路上，让增速逐渐降低，避免突然降低。我们的工作就是观察各个国家采取什么样的改革，才可以走在必然要走的路上，而且不要有太突然的变化。

王文：从中国的角度来看，尽管主流人群可能也有抱怨，也有不满，也有吐槽，但对于中国自身的发展来讲，对于中国式现代化，中国人还是充满信心的。更重要的是，正如今天上午很多人讲到的，中国式现代化可能从更高的层面上去补充、超越或者替代当下欧洲和美国在经济发展上的很多不足。哪些不足？比如中国式现代化讲求的是全体人民共同富裕的现代化，我们希望能够让底层民众减贫、扫除文盲、农村大发展，而不是像美国永远都存在着 2000 万~3000 万的民众没有医保，甚至随时遭受种族歧视、枪击事件的祸害或冲击。中国在实现社会高质量发展的进程中，其实就是在实现共同富裕的目标。要知道，近年来中国数字经济的发展推进了社会服务的均等化进程，使得普通老百姓也能够更好地享受数字经济带来的福利。

从这个角度来看，对于中国式现代化，您是否也认为在某种层面上对欧洲和美国现代化的进程或者经济发展的模式能够产生补充、启发或者超越？在您看来，中国式现代化市场经济转型的意义到底有多大？

马吉特·莫尔娜：近几年，中国在推动全球经济发展中发挥了重要的作用，这是因为中国幅员辽阔，劳动力丰富，生产规模大。所以不管生产什么，都能很快生产出来，而且具有竞争力。不管生产什么，由于规模经济发挥作用，所以产品的价格比较合理。不管在什么领域，都会对其他国家的发展作出贡献。比如，目前全球面临的气候变化问题，正因为中国能够生产价格比较便宜的光伏产品，能够帮助各个国家更好地实现承诺的一些减排目标，这个作用还会继续发挥。虽然中国人口老龄化加剧，但是人口规模、生产规模还是保持在世界比较高的水平。

王文：也就是规模效应还可以发挥得更好。

马吉特·莫尔娜：对，这不仅表现在短期、中期，长期也是可以发挥作用的。

王文：当我们要发挥规模效应的时候，可能会面临超出我们想象的阻力。比如中国新能源汽车产业几乎从零起步，通过发挥规模效应，在5—6年的时间内把新能源汽车的年产量扩充到1000万辆左右。预估到2030年前后，中国将有可能全面放弃传统燃油车，这一目标的实现可能性高于欧洲。欧洲承诺要在2030年全面放弃传统的燃油车，但是现在看来，这个目标很难实现。过去一年半，我去过欧洲10多个国家，发现仅充电桩的数量就难以满足需求。未来6年欧洲也不可能建造那么多充电桩。然而，目前中国的充电桩数量已经跟加油站数量几乎齐平，充电速度也变得越来越快，最新的技术只需要5—10分钟就可以充满一辆容量为100kWh的电动汽车。几个星期前，我刚刚换了一辆新能源汽车，发现现在的技术彻底解决了里程焦虑问题。新能源车的续航里程可以达到1200到1400公里，远超过过去的300到400公里。刚才有嘉宾乘坐了我的新能源车，他们都很惊讶，说居然这么好。我想说的是，当中国开发出更好的产品时，在向国外市场推广过程中受到国际市场的阻挠是超过我们想象的，比如增加关税，100%的关税，甚至无端指责中国通过不正当手段进行市场竞争等。在全球竞争日益激烈的背景下，经济竞争的政治化和意识形态化现象越发明显。作为一位欧洲顶级的经济学家，您怎样看待这一现象？

马吉特·莫尔娜：我是欧洲的经济学家，还是一个国际组织的官员。从整个世界来看，如果某些过程会带来变化，那这些过程应该是有预期的。比如，过去20年全球化也带来了很大的变化，机械化、自动化都带来了很大变化，这些变化要有预期，而且要早做准备，这些变化是无法回避的，我们需要提前做好准备，以便在这些变化中获得更大的利益。

王文：我们当然能够预料到国际市场的各种变化，但是我们不希望这种国际市场的变化如此政治化或者意识形态化，您怎么看待？

马吉特·莫尔娜：作为经济学家，我觉得在国际市场上应该多运用经济学原理。

王文：您是说，还是要更市场化一点，抛弃那些政治和意识形态的内容？

马吉特·莫尔娜：基本上应该是基于市场的原理，当然也有一些国际的规则，比如要遵守世贸组织在贸易方面的一些规则，以及其他领域也要受到一些国际组织的监督。

王文：通过国际规则下的市场化原则，突破一些政治化、意识形态化对国际市场竞争的阻挠和妨碍，这一点我们达成了很好的共识，这在当下是非常重要的。从全球化的角度来看，似乎现在全球化在变慢，甚至有人提到去全球化（De-globalization）。作为一个欧洲的经济学家，您怎样看待全球化的未来？

马吉特·莫尔娜：去全球化是一个必然的结果。从细节来看，全球化主要是由于中国"入世"、中国经济开放所带来的结果。现在发生了什么？由于中国的收入水平提高、生产成本上升，所以以前的模式变得不可持续。从增加值的贸易指标来看，现在中国依靠进口投入品的程度越来越低，这是因为中国在国内能生产更多的东西，所以不用依赖进口。这一变化对于中国当然是可行的，但实际上就是 De-globalization，因为原来通过进口得到的那些投入品，现在完全可以在国内生产，这是一个趋势。另外一个趋势与中国的产业升级有关。现在中国能够生产更高技术水平的产品，所以中国的产品也作为其他国家的投入品。这个过程就是中国向其他国家的出口，中国投入品对其他国家出口的贡献越来越高。因为中国是推动全球价值链发展的最重要力量之一，观察中国各个方面的变化，就能发现这两个趋势：一是中国越来越少依赖进口的投入品，二是越来越多的出口产品成为其他国家的投入品，而且这也是一个必然的过程。

王文： 按照您的数据来讲，中国实际上在新一轮的全球化过程中发挥的作用越来越大。

我想回到最后一个问题，当中国在推动整个世界的发展、全球化的进程中起到越来越大作用的时候，我们会很明显地看到，正如二十届三中全会阐述的 2029 年、2035 年的愿景和能达到的目标，以及我们研究院发布的报告所预测的那样，2035 年中国的经济规模大概率将超越美国，成为世界第一大经济体。更重要的是，未来的 10 年还会出现很多有利于中国经济高质量发展的趋势。畅想一下，2030 年中国人可以登月，会拉动航空业的大跨步发展。2035 年中国在芯片技术、5G、6G 等领域会实现一个大的超越，也会拉动中国高科技产业的快速发展。所以 OECD 有没有关于 2035 年中国相关报告？2035 年真的像我刚才说的那么乐观吗？能否实现"十四五"规划和远景目标下中国的预期？中国与美国、欧洲的经济关系是否会比现在更加平稳？我也非常想听听马吉特女士的看法。

马吉特·莫尔娜： 我们没有这样的报告，我们研究中国经济的人士是很少的，我们做预测都是短期的，比如两年的预测。长期的预测主要看前景，这不是预测，预测是一个比较复杂的模型，涉及各种变量和规律的组合。前景是基于某些假设的，当然有一些预测，比如我们使用联合国的人口预测来分析经济发展前景。

王文： 特别感谢各位关注明德战略对话，这一期我跟马吉特女士有一次很好的关于中国式现代化和中国经济增长潜力与转型的沟通和交流。非常感谢我的师姐来做客明德战略对话，希望未来还有这样的机会能够采访您、跟您对话。感谢各位的收听，谢谢！

对话图格鲁·凯斯金：
西方对中国的偏见来自无知

2024年9月3日，王文对话图格鲁·凯斯金

王文：各位朋友，欢迎大家再次关注明德战略对话。今天坐在我身边的是一位特别的学者，他虽然是土耳其人，但学贯中西，对中国非常了解，曾在中国工作多年，对西方也有深入了解，现在在美国工作。更重要的是，他在过去几年中构建了一个全球研究中国的网络，这个网络非常了不起，拥有近千位全球著名的中国经济、政治、文化领域的学者。他就是图格鲁·凯斯金先生。今天，我希望通过明德战略对话平台，向这位在土耳其出生、在美国工作但专注于中国研究的学者提出一些尖锐的问题。在参与筹办明德战略对话的过程中，图格鲁先生给我们提供了很多的支持。我也希望通过他的帮助，能够在未来的明德战略对话中邀请更多来自欧洲、美国的学者来中国调研。我的第一个问题是：在构建全球研究中国的网络过程中，您发现了哪些主要难点？面对这么多持有不同观点的研究者，您是如何将他们整合在一起，并使他们在您的网络平台上共同开展研究工作的？

图格鲁·凯斯金：首先感谢您对我的邀请，很荣幸能够时隔四年再次回到中国。2016年到2021年，作为上海大学全球治理中心的教授，我一直在上海大学工作。在获得博士学位前，我对于整个中国的情况知之甚少。2004年我第一次来到中国，2015年开始在中国工作，这段工作经历，使我能够更深入地了解中国。

在过去的7—8年中，中国研究在西方属于区域研究，类似于中东研究、拉美研究、印度研究、非洲研究。2015年我们和北大合作在北大组织了一次中国、中东、非洲会议。借此机会，我们组成了这样一个网络，也就是中国、中东、非洲的研究网络。起初，这并不是一个单纯的中国研究网络，后来更多的学者加入进来。当时我也是从事中国研究的，探讨中国学的本质，以及中国研究、非洲研究、中东研究、拉美研究之间的区别。我们可以看到，中国研究、中东研究、拉美研究有许多相似之处，许多学者加入到我们的研究网络中，大部分学者也注册了我们的网站。

在交流研究中我们发现，美国和西方实际上缺乏对中国的了解和研究。在我们研究网络上的 1900 人中，绝大部分都聚焦于中国研究，他们来自澳大利亚国立大学、东京大学、首尔（韩国）、非洲等机构和地区，其中有 300 名拉美学者专注于中国研究。可以看到，建立这样一个网络并不容易，因为在西方存在一些对华的消极情绪。不光是在西方，其实很多地方都存在这样的情绪。但是我们克服了诸如此类的困难和挑战。目前，我们研究网络中的绝大部分学者分布在美国、欧洲，当然我们也有很多来自中国、中东的学者。在研究的过程中，这些学者开始改变对中国的看法，这实际上是一个很好的经验，也使我们的研究网络不断发展壮大。越来越多的学者加入我们的网络，他们可能是政策制定者、记者或智库工作人员，来自全球不同的媒体。在我建立这个网络时，我们将其命名为中国全球战略研究所。

王文：问题在于，当对中国的研究还沉浸在所谓东方主义逻辑里的时候，我们会非常遗憾地看到，中国只是作为一个"他者"被描述，缺乏作为"本我"的因素来进行自我叙述。中国人自我叙述形成的中国信息、中国声音、中国思想，并未完全反映在西方主流的话语和思想逻辑中。这让中国的学者在某种层面上既感到无奈也十分焦虑，甚至愤怒。因此，在此情况下，我认为有必要进行一场关于研究中国的西方范式的革命。

我们今天来谈中国，首先要谈的一个问题就是当我们谈中国的时候我们要谈什么。一个显著的缺失是，西方世界低估了中国崛起产生的世界意义。所以在您看来，中国的崛起到底有哪些世界意义？您所组织的中国研究网络，需要提醒世界中国崛起的世界意义到底有哪些？

图格鲁·凯斯金：2004 年我第一次来到中国的时候，当时的中国和今天完全不一样。现在的中国和当时相比已经发生了翻天覆地的变化。现在的中国非常国际化。其实在国外已经有越来越多的人想了解中国、学习中国。与此同时,也有越来越多的中国人想要了解世界。因此,无论是对中国还是对世界,这种彼此沟通对话的渴望是双向的。很不幸的是,当今国际社会对中国存在偏见,尤其是在西方,我们能看到他们对中国的偏见,而且这种情况在可预见的未来还将持续下去,不会在几年或者十几年内消失。

另一方面,我也会问自己一些问题,那就是中国是什么?中国的文化是什么?中国文化的特点是什么?如何定义中国?这些问题同样适用于美国和土耳其。我发现最为重要的一个关于中国社会的特点,或者中国身份的特点就是中国的文化,不是民族或者种族,也不是宗教。在中国的文化中,它指的是中国的语言,普通老百姓的行为,以及中国璀璨的文明。中国其实也是世界上最古老,也仍然持续着的文明之一。

2000 年,中国对外开放的程度有限,对世界的了解仍然有限,而世界对于中国的了解也是有限的。当然,可能当时一些西方政府的官员或者学者会对中国有所了解,但中外普通老百姓之间依然缺乏了解。过去的 20 年,中国政治、社会、经济都有了长足的发展。就我个人而言,中国的发展将会造福世界,同时也会造福中国,而人文交流的重要性日益凸显。当我在上海大学工作的时候,我们开设了国际关系和全球研究的博士项目,有许多来自美国、加拿大、瑞典、巴基斯坦的学生想要申请这个项目,他们想要了解中国。为什么他们想了解中国?因为他们看到了中国经济的快速发展、城市化进程和文明进步,他们对中国充满崇拜,想要深入了解。

与此同时,正如我之前所说,中国的发展是一个互利共赢的过程,很多人想了解中国,尤其是在 2018 年之后。我有一个来自喀麦隆的学生,能讲一口非常流利的中文,而他只学了几年中文。我还有另外一个来自土耳其的学生也能讲非常流利的中文,我觉得非常了不起,这就是一种变化。20 年前,能够讲中文的外国人非常少,但是现在,越来越多的外国人能够用中文进行交流了。

王文：这种变化无处不在，随时都能看到。有人曾开玩笑说，如果您一年没来中国，您会看到一些小的变化。但如果您五年没来中国，您就会看到巨大的变化。实际上我从 25 年前考上大学离开我的家乡后，我曾经熟知的那些道路基本上已经都认不出来了，如果没有导航，我已经没法在我的家乡开车了，这就是重大的变化。但是问题在于，现在西方对于中国的研究是承认中国的变化，却不承认中国的变化带给世界的会是积极影响，我认为这是对中国研究的重大不足，尤其是西方对中国研究的重大不足。当然很多国家都有变化，土耳其在变化，印度也在变化，尼日利亚也在变化，每个国家都在变化，但是只有中国的变化所产生的世界级意义可能更具代表性，远远超过土耳其、印度、尼日利亚和其他国家，我不知道您是否赞同我的看法。

我的确认为，中国的变化对于世界具有颠覆性，我把这种颠覆性大致梳理成三点：一是政治的颠覆性。中国崛起的进程中，可以通过不发生战争、不掠夺他人、不殖民他人的方式崛起，所以这个时候西方就震惊了，因为西方崛起的过程中充满了战争、充满了殖民、充满了掠夺；二是经济的颠覆性。中国崛起的进程中，在很多经济要素、结构层面上都产生了改变，比如社会的治理，我们有了全世界最快速的高铁、新能源汽车、光伏，还有很多网络时代的产品。这个过程是西方没有经历过的，而中国却做到了；最后是社会意义。比如中国现在正在推动共同富裕，不希望像西方一样出现严重的贫富悬殊，而是拥有良好的社会治安，实行绝对的控枪，城市非常安全。从这些角度来看，我认为中国对西方的政治、经济和社会体系都具有颠覆性，当然这是一种积极的颠覆性。但是西方并不承认，至少在主流的西方语境中不承认中国对于世界这种颠覆性的作用，这是我想跟您一块分享和表达的。所以我想向您请教的是，怎样才能更好地改变西方对中国研究的范式？进而让西方更积极地去看待中国崛起所产生的世界意义？这是我非常苦恼的，我不知道图格鲁先生对此有何看法？

图格鲁·凯斯金： 我认为，对于中国的偏见一直会存在，但有一点我们需要牢记，偏见来自无知。冷战时期，西方对苏联也存在类似的宣传；印度殖民时期也存在同样的情况。还有在中国，2016年我到上海的时候，我去了一个公园，简介上提到这个公园曾经悬挂过这样一个牌子，上面写着"华人与狗不得入内"，是英国人挂的。当我看到这件事的时候，我不敢相信这是真的。但是我觉得很奇怪，为什么要做这样一个牌子？因为这是英国人在19世纪、20世纪的时候在中国的做法。过去的那些帝国主义和殖民主义国家，他们在非洲也做过同样的事，在中东也有过类似的做法。现在是21世纪，这是一个以技术为中心的世界。我觉得他们不愿意接受中国的崛起，但是我们需要通过媒体去告诉他们，通过技术来让他们接受中国的崛起。这些人需要来中国，他们需要看到真实的中国，他们需要去了解中国人、理解中国人。中国已经不再是过去在媒体上被描述的中国形象了。随着中国的发展程度不断提高，我们也希望他们能够对中国有更多的了解。

王文： 我也认为如果有更多的机会来中国，会加强他们对中国的了解、理解和尊重，但这个过程非常艰难。因为，我们不可能让全世界的人都来中国一次，也不可能让西方世界的人都来中国一趟，所以这个过程是非常漫长且艰难的。甚至我认为，在未来的10年、20年，中西之间恐怕还是要以实力作为相互认知的基础。多数的中国人都认为中国更强大一点，可能西方就会更加尊重中国；西方只相信拳头，他们不相信话语。我不知道这样的观点您是否认可。

图格鲁·凯斯金： 西方世界是什么？是指俄罗斯、加拿大、法国、德国、意大利还是葡萄牙？实际上每个人对于所谓的西方世界都有不同的意见，我觉得美国应当和西方世界分开，美国也曾被英国人殖民过，被法国人殖民过，我的意思是世界上荷兰、葡萄牙、西班牙人他们占领了美洲，他们屠杀了很多土著。当欧洲人来到美洲之后，大概屠杀了1000万的印第安人，这是一个不争的事实。欧洲是西方世界，经历了18世纪和19世纪的工业化，他们需要能源和额外的资源，因此开展了殖民运动，殖民了北美和南美。所以，实际上要去界定所谓的西方世界也是很困难的，西方世界在我看来是某些学者所使用的术语。

王文：顺着您的思路讲，我感觉还是很乐观的。在美国、欧洲的那些年轻人，他们对中国的看法反而更加正面一些。这些年轻人善于学习新东西，他们通过网络看到中国的先进之处，看到中国的高铁、高楼大厦，使用中国的APP，比如TikTok，还有最近年轻人喜欢玩的中国电子游戏《黑神话：悟空》，我不知道您有没有听说过，这个游戏非常流行。在这个过程中，大家开始欣赏中国的美，感受到中国实力的提升。您会发现，在欧洲，在全世界，包括在美国，年轻人对中国的好感度反而是相对较高的，年长的人对中国的好感度较低，认为中国是威胁的比例会很高，这是一个非常痛苦的过程，可能需要20年、30年甚至50年，世界才可能对中国更加尊重。这个痛苦的过程可能会面临冲突，面临更多的误解，面临更多双边或者多边层面的世界级冲击。我们该如何更好地防止这些冲击变得更加糟糕？图格鲁先生您有什么看法？

图格鲁·凯斯金：如果说中国是"威胁"，中国"威胁"的是谁？"威胁"了哪个国家？中国殖民其他国家了吗？中国用原子弹杀人了吗？还是说奴役了非洲人了？中国从来没有做过任何这类事情，中国在非洲进行了大量的基础设施建设。可能在这个过程中，中非之间会出现一些误解，但这和欧洲在非洲的殖民行为是完全不一样的。中国有着非常独特的文化和对世界的理解，奉行"己所不欲，勿施于人"的原则，这与英国人和德国人截然不同。比利时曾经殖民过刚果，杀害了1000万人口。中国不想被其他人殖民，所以也不会去殖民其他的国家。过去殖民刚果的人，现在却对中国指手画脚，谈人权，谈民主，看看他们过去做了什么？他们今天怎么有勇气这么说？因为这些人在指责中国，说中国在殖民全世界，这真的非常具有讽刺意味。

王文：这是您对于西方评价中国声音的愤慨。西方主流政治话语中把中国视为一种威胁或妖魔化，这让中国感到非常愤怒。中国站得更高，一方面我们尽已所能跟世界交流、交往、沟通、对话；另一方面，我们也希望把自己做得更好。因此最后一个问题，回到未来，正如我们这次明德战略对话的背景，即二十届三中全会提到中国式现代化，我们也把规划更多地设定在 2029 年、2035 年甚至 2050 年。中国希望构筑一个更美好、更清洁、更富有、更安全的国家和世界。从这个角度来讲，我们想象一下 2035 年会如何？2035 年的土耳其如何？2035 年的美国如何？2035 年的中国如何？2035 年的世界又会如何？

图格鲁·凯斯金：工业化是 18 世纪末从欧洲、从英国开始的。当时蒸汽机的发明，推动了工业化的快速发展，人们开始从乡村转移到城市，伦敦、伯明翰和利物浦快速发展，生活水平随之改善，人们的工作和教育条件也得到了提升，这就是欧洲式的现代化。我们可以看到，欧洲发生了巨大的变化。但与此同时，欧洲也开始需要更多的自然资源，为此他们开始对那些尚未进入现代化阶段的欠发达或发展中国家进行殖民。中国是世界上最早进入现代化探索的国家之一，而且中国希望能够保护自己的文化、社会和传统，这没有什么不对的。在推进国家现代化的同时，还要保护自己的文化、历史、传统，这是非常困难的任务。不光对中国，对全世界来说都是非常困难的。因为我们现在生活在一个以技术为主导的世界，中国的现代化和欧洲的现代化是不同的。从我的角度来说，其实结果是相似的，更多的现代化带来更多的个人主义,以及对于传统价值观的消解,而中国试图保护这样的一些传统和文化。因此,中国对现代化有着非常独特的理解,这与欧洲的现代化截然不同。这种方式对中国来说是有益的,因为它能够保持自己的文化、语言和传统。

王文:我非常赞赏您刚才讲的中国式现代化未来所体现的独特性,我更加愿意长期地关注中国式现代化所具有的世界意义、全球意义。因此,我们今天谈论的中国研究,我们今天所推行的明德战略对话就变得更加重要了。未来我也非常愿意继续邀请图格鲁先生参与到明德战略对话中来,更重要的是,通过图格鲁先生,我们能够进一步推动全球对中国的研究,提升全球对中国发展认识的程度,这是我们这一代学者非常重要的使命。再次感谢图格鲁先生,您两个小时以后就要离开中国,祝图格鲁先生回程平安,再次感谢各位的关注,谢谢!

图格鲁·凯斯金:谢谢!

对话克劳斯·拉雷斯：
如何面对崛起的中国？

2024年9月4日，王文对话克劳斯·拉雷斯

王文：各位朋友，欢迎各位再次关注明德战略对话。今天，我们非常荣幸地邀请到了一位极具影响力的学者——美国威尔逊研究中心的研究员克劳斯·拉雷斯教授。他在美国拥有广泛的影响力。过去五天里，我们朝夕相处，进行了深入的沟通和交流。尽管在一些观点上并不完全一致，但我们之间的沟通和交流非常愉快。这正是当下中美关系所应该有的状态：双方即便不能完全达成一致，也能够坐下来心平气和地沟通、相互理解，展现出更多的尊重和包容。今天，克劳斯教授刚刚结束了公开讲座，我邀请他到演播室，继续就中美关系进行讨论。

我想问的第一个问题是，克劳斯教授，您认为此次访问中国与您过去的访问相比，最大的收获是什么？

克劳斯·拉雷斯：非常感谢这个问题，很高兴参加明德战略对话。刚才也做了公开的讲座，见到了北京的大学生。我介绍了中美、中欧之间的关系，同时也介绍了很快要进行的哈里斯和特朗普之间的竞选。我注意到，中国大学的学生问了极好的问题，也保持着极高的兴趣。这五天的行程中，我特别感受到年轻人，尤其是中年人也非常想了解外部的世界。所以，他们很想听外国人的想法、观点以及海外的一些见解。这是非常好的，当然也会问一些极有难度的问题，但沟通和交流本身就是很好的。要及时参与讨论，然后进行对话。

王文：对。这样的参与和讨论，我们双方都非常享受，但这样的讨论和交流变得越来越困难。这背后，中国有中国的理解。从中国的角度来看，许多老百姓认为美国在遏制中国的发展。中国的学者、科学家、学生甚至旅行者在前往美国时，都会遇到各种影响和干扰。现在很多中国人在到美国之前，内心都会有一些担心。当然，某种层面上，美国学者、美国学生、美国一些人士到中国来可能也有这样的担心。这样的担心怎么解决呢？为什么会出现和过去完全不一样的担心情况呢？您认为最大的原因是什么？

克劳斯·拉雷斯： 我认为这种担忧在双方之间是普遍存在的。中国是欢迎美国人、欧洲人的，西方人也是欢迎中国人的。实际上，普通的民众仍然会彼此有一些共情、共同的理解、共同的兴趣和好奇，很多领域也是需要有更进一步合作的，这具有积极的推动作用。旅游是双向的，中国人到美国，美国人到中国，大家彼此之间还是抱有非常高的兴趣点。在文化、技术合作领域、医疗、气候变化以及对空间的研究等方面的合作并未消失。但有些领域确实还是有比较大的意见分歧，尤其是在高科技领域，如人工智能、半导体以及网络安全，这些问题与美国政府，特别是许多欧洲政府的担忧密切相关。西方政府觉得这些问题比较敏感，涉及技术交换，最终可能导致中国的军用技术发展。如果军方出现问题，可能会对美国或其盟友构成威胁，因此我们不希望间接帮助竞争对手增强军事力量，包括在半导体、人工智能和网络安全等领域。

从美国角度来讲，它也是有道理的，也是值得理解的。所以，我们也需要有出口的限制，比如对芯片的限制。

王文： 的确，这种担心甚至是恐惧在很多中国人看来，是完全没有必要的。过去40多年来，中国是全世界唯一一个没有发动战争或参与对外军事冲突的主要经济体，我想这是基本的历史事实。改革开放以来，中国一直想维持的就是和平的环境。但美国不断地把中国"塑造"成一个威胁他人的形象，甚至有些人认为中国会攻击美国，这样的设想实在是没有必要。

克劳斯先生经常来中国，我相信在中国，没有任何一个人有考虑或计划这样的目标，即中国要进攻美国，我相信是没有的。我作为智库学者，每年参加大量的咨询会，中国没有任何官员，没有任何部门去构想、设计、规划中国要进攻美国，或要和美国进行一场殊死的搏斗等计划。所以，怎样让美国消除这些不必要的"恐惧"和"担心"呢？

克劳斯·拉雷斯：如果你看一下各国的政客，他们还是要考虑到安全问题，要谨慎行事，要做预判，要关注民众的安全以及一些潜在的可能性，这是他们讨论的内容，不是觉得事情就一定会这样发展，或者中美之间会互相进攻，并不是这样的，肯定不是这种情况。因此，关于这种意识或敏感度，许多中国政客和官员也常常提到，中国在20世纪70年代末确实在印度、越南发生过战争，双方都有一些遇难者。所以，还是有一些潜在的可能性，中菲南海争端，从西方的角度来讲，就是一个让人担心的点。我们相信，中国肯定会有这样的潜力，可能会出现一些负面的军事角度的看法。因此，做好准备是必要的，并不是说中国会这样做。当然，双方并不需要发动战争，但要以防万一，做好准备。我相信中国肯定也会有自己的预案，关于西方国家可能会如何操作，或者像日本等其他亚洲国家一样，在当下的世界格局中是有相应预案的。

王文：我觉得我们相互的认知过度受到现实主义理论的影响，总是认为从各自的实力或力量出发，进而防范对方有可能会采取的一些行动。我认为这个基础就建立在中美之间发自骨子里的相互战略不信任。过去十几年，中美之间的战略不信任已经到了一种极其严重的地步。对于这种战略不信任，我们需要防范它，更需要化解它。所以，这次明德战略对话，我才邀请了那么多美国朋友过来，至少能够化解，哪怕能减少一点点也能作出有益的贡献。其实中美两国之间，历史上有很多次非常好的合作，比如1941年以后，中国和美国一起合作反法西斯；到70年代尼克松访问中国以后，中美两国一起合作，反对苏联的大国沙文主义；过去80年代中国不断打开大门，尤其2001年以后，中国非常欢迎与美国的合作，这是一种巨大的合作。中国是美国大部分产品的最大市场，比如中国引进了肯德基、麦当劳,全世界40%左右的肯德基、麦当劳门店都在中国;全世界新增60%的星巴克门店也在中国;特斯拉最大的生产基地也在中国。在中国有1万多家美国公司。您觉得还应该通过哪些方式化解相互之间的战略不信任?其实这种战略不信任是完全没有必要的,我们还可以做哪些事情呢?

克劳斯·拉雷斯: 我们回顾一下历史,我确实同意,在20世纪70年代,西方开始认可中国,对美国来说是1978年。70年代末到80年代,当时人才的交流也是非常紧密的,两个国家都进行了很好的交流,在新疆也组织了会议,把这个消息传递到北京,北京又把这个信息传递到美国,这也展现出了双方非常紧密的合作,尤其是人才方面。我们看到双方在反恐方面进行了非常紧密的合作,尽管可能并不是完全顺利,但在那时候的合作总体还是非常有成果的。

有一个转折点是2015年和2016年,起码西方的理解是这样的,他们认为,中国在那时候可能展现出了更宏大的政治雄心,他们也觉得中国崛起了。当时中国企业得到中国政府的大量支持,进入到很多西方国家,到德国、美国收购一些机器人企业,还有一些高科技企业。西方国家感觉受到了威胁,而且有很多非常有价值的技术是由这些企业经过很多年研发出来的,被中国企业收购之后被中国企业所使用。所以,外国企业觉得自己的专长就没有优势了,长期来讲他们对于中国的态度就不是非常友好。而且中国也有"中国制造2025"计划,中国希望未来在十个相关领域,尤其高科技领域成为领先者,这会让其他国家感到非常担心,因为他们觉得这些国家在这些领域处于领先地位,他们不想输掉。还有一些其他的问题,比如南海问题,都会变得非常有争议。所以,2015年、2016年出现了更多不信任的情况。

过去20—30年所建立的信任关系逐渐减弱。双方都以最坏的情况设想对方,尽管并不一定能产生非常严重的后果,但双方是有这样的怀疑的。

特朗普上台之后也非常明确地表达了自己的态度，尤其是在贸易方面对中国的态度，这进一步使问题加剧和升级。在那之后我们看到了持续的怀疑、持续的不信任，这是双方都出现的情况。美国没有那么信任中国，而中国也没有那么信任美国了。我认为，在某些领域确实是有理由的，但在其他领域来讲，其实是有点过了。您说得非常对，我们不应该允许这种情况进一步升级，应该要采取相应的行动。

其中一点可能性或一个设想就是如何解决这个问题，也就是我今天在战略对话中所讲到的加强人文交流，尤其是通过学生，也通过企业家，以及游客之间的互动。这种人文交流非常重要，可以在民众层面上建立信任，因为这些学生将会成为未来的领袖，这些未来的领袖在过去已经有了非常好的体验，他们去过别的国家，见过其他地方发生的事情，需要判断一下哪些事情需要认真对待，而哪些不需要非常认真地对待，这样的判断其实现在是缺失的。很多中国现在的领导可能没有在西方的经历，而西方国家的领导也是如此，他们对中国也不是很了解，这需要在未来得到纠正，也就是要进行更多的人文交流。当然，这是个非常长期的项目，不可能一天或者一两年就实现，但确实是有这样的可能性。

王文：美国和欧洲都面临一个新的挑战，即如何面对一个崛起后的中国。我非常赞同您的看法，认为中美、中欧之间要更多地交流。另外一个层面，我也建议，面对不断崛起的中国，美国或者西方世界恐怕要以更加开放的心态来接纳。在这些天我们不断沟通交流中，我提到，中国作为14亿人口的大国不可能重新回到那个贫穷的、没有竞争力的时代。改革开放前30年，从1978年到80年代、90年代到2000年，以及您刚才讲的2015年、2016年之前的时代，中国的实力相对较弱，当然这个过程中我们也非常感谢来自美国的投资、美国科技的输入，我们对美国在中国改革开放前30年的投资是非常欢迎、感谢和接纳的，包括现在也是如此。正是因为这种欢迎和接纳才有了中国的发展。中国不断地发展，自然会形成中国对外的竞争力，包括产业的竞争力、高科技领域的竞争力，我认为这是非常自然的现象。就好比如果中国是现代化进程中年轻的国家，尽管我们有非常古老的历史、文明，但作为现代化国家来讲，中国是相对年轻的。你要允许年轻的国家不断地壮大，就好像姚明，刚开始时姚明只有1.6米、1.7米，慢慢长大变成2.1米，你要让他长到2.1米，不能让他回到1.5米、1.6米的时候，所以我认为需要有一个心理调整的过程，这个心理调整的过程我认为是非常重要的。您觉得呢？

克劳斯·拉雷斯： 我们需要理解的是，我们要知道对方的关切是什么。虽然中国可能并不总是接受这些关切，但中国应当意识到并分析这些问题，考虑它们并作出回应。关于中国补贴的政策，当然美国也会对部分企业进行补贴。但绝大多数西方国家都认为中国政府给企业的补贴太多了，尤其是对很多技术公司的补贴过多，比如在半导体、人工智能等行业的企业，这样就会让企业在市场上有竞争优势，形成并非非常公平的竞争态势，也包括太阳能以及电动汽车领域。显然，这些都是西方国家较为关注的问题。

另外一些担忧，比如网络安全，确实过去在西方国家发生过网络攻击事件，而他们认为这些攻击来自中国，且并非私人企业所为，他们认为这些攻击只可能是通过政府组织来进行的。他们追踪到中国，追踪到了中国政府，这需要解决并克服这个问题。我想在进入磋商和讨论时，需要意识到关切和问题的本质，然后逐一进行讨论。

另外是中国南海的问题，从西方角度来讲，他们认为中国在南海的行为，对于菲律宾来讲比较激进。中国认为南海90%都属于自己的海域，而国际上认为这些是属于国际海域，所以，这需要进行共同磋商和讨论，不能允许海面上不断地出现冲突，政治家、外交家等各方面人士应聚集在一起，以比较轻松的方式讨论，这是非常重要的，我们需要有更多的投入和参与。最近我们也看到美国国家安全顾问来到了中国，在那之前，他也在巴黎见到了中国的外长，这是很好的沟通方式：双方一起讨论一下彼此意见不一致的地方，寻求更大程度地对彼此的理解，我想这是两个国家需要去做的。我也一直会宣传、呼吁推动这样的讨论，包括军事方面的讨论，包括双方的将军进行讨论，无论是有意或无意的冲突肯定是有的，在发生这些事件之后，双方一定要立刻打电话去沟通问题，我认为这是正确的方式。

王文：我认为您刚才讲到了三个非常重要的问题。

产业政策，从经济学角度来讲，作为后发国家，出于对本国产业的扶持，采取一些补贴政策是每个国家都有的惯例。正如您刚才也承认，美国也有补贴政策，这些补贴政策在过去这些年扶持、帮助了中国的产业更好地成长，使产业能够在市场竞争中存活。中国已经逐渐退出了补贴，比如您刚才讲的光伏，现在中国光伏产业几乎已经没有补贴了，在前期补贴的基础上，我们形成一定的竞争力之后，政府就取消了补贴政策。新能源汽车同样如此，目前中国在新能源汽车和电池领域的补贴几乎可以忽略不计，这正是有效产业政策扶持民族工业成长的体现。我认为这在经济学上可以视为一个新的成功案例。

关于南海问题。从中国的角度来讲，在过去几千年里，南海都是和平之海，南海历史上从来没有发生过重大的战争或者海洋冲突，这与地中海或大西洋的海战截然不同。我们不认为，外力的介入能够更好地处理好在南海问题上的分歧，恰恰中国一直主张，由中国和南海诸方来解决南海问题。所以，过去十多年，中国一直在推动南海各方行为准则的制定，进而解决当下南海的分歧。

对于很多中国人来讲，对美国的参与，有个观念改变的过程。过去我们非常推崇美国在世界上扮演的安全角色，但现在越来越多中国人认为，美国军力的参与其实并不能很好地解决过去几十年，尤其过去 20—30 年各个区域的冲突，无论是巴以冲突还是波斯湾沿岸的冲突和安全问题，有时候美国参与反而使问题变得更加复杂。这是中国现在越来越有信心利用自己的智慧处理这些问题最重要的背景，我也想和克劳斯先生讲述中国方面的看法和立场。所以，这就涉及一个非常重要的相互理解，中国要不断地理解美国的关切，美国也要不断地理解中国的能力。

我想说中国的能力是什么呢？中国的能力和目标一定不是想要构建一个"把美国视为敌人"的世界，我们并不想把美国当作中国的敌人，正如前几天我跟您讲的，中国高层国家领导人、历任国家主席、国务院总理都不会在公开场合批评美国，始终保持战略克制。所以，从这个角度来讲，美国也应看到中国的崛起在很多时候可能是对国际安全局势不足的补充。中国的能力可以成为美国的一种补充，比如在反恐问题上，如果没有中国的支持，美国的反恐行动可能不会那么顺利；还比如其他领域的问题，我相信中国的参与，能让全球治理取得更好的效果。但目前看来，这似乎变得越来越困难，因为美国并不认可中国积极的角色。所以，这是我们要解决的问题。我不知道您怎么看？

克劳斯·拉雷斯： 政治体系，当然两国是有差别的，在中国，权威体系可能使得信息的一致性更高。一般来自中国政府给出的信息都是一致的，很少有部长可以表达出不同的观点，大家还是要符合中央政府的核心信息。但美国就不一样，无论是议会还是地方的政客，大家完全有权利表达自己想要批评中国的观点，这是他们的自由，但可能会影响到对中国的观感。在美国体系当中有很多不同的观点，我认为这是要理解的一点，并不是说他们从美国政府角度要反对中国。

但有一些批评的声音，其中一个例子是拜登政府总是说他们坚持"一个中国"政策，他们没有任何想法去支持或推动台湾的独立。但美国政府之外也有很多的声音，但这不代表美国政府，也不是美国意图破坏"一中"政策。这是中国的红线，我非常清楚。"一中"政策从 20 世纪 70 年代起就是尼克松和大家认可的政策，这完全没有问题。

美国不是要反对中国在南海的权益，也不是针对个别礁石或单独的岛屿。但有一个法庭说中国没有历史证据证明拥有这些礁石和岛屿，中国是不采纳的。相反，像菲律宾等国家则接受了国际法庭的仲裁结果，这对其他国家的主权声索产生了直接影响。我认为各国应该坐下来讨论，而不是仅仅局限于中菲之间的对话，而是中国与多个国家之间的对话，设定几个会议室，进行几周的讨论，寻找和平解决方案。

中国是不可以被忽视的，其他国家也不能被忽视。到现在为止，中国的体量不是问题，核心关切点不是体量，而是多边会议。这样的会议美国不见得要出席，因为美国对于小岛、礁石等没有任何利益和立场。如果美国愿意，作为观察员国是可以参加的。

王文：您刚才表达的很多观点也有助于让更多中国民众听到美国在这个问题上的解释。但我认为，美国也要看到并非所有人的行为都能代表美国政府，并关切这些行为所带来的中国的反应。我也知道，您刚才在讲座中也讲到，比如前几年佩洛西窜访台湾，很多美国的议员窜访台湾。当然美国有理由说这并不代表美国政府，但你是美国的高官，是有重要地位的人，这时候你贸然地窜访台湾，尽管你说不代表白宫，不代表五角大楼，但你是以议员的身份、国会的身份去的，这个时候当然多少会给台湾传递一个重要的信号，进而让大陆理解为"你是在支持'台独'"。我们今天坐下来有相同的看法，也有不同的看法，其实都在讲述一个非常重要的道理，就是相互尊重。正如您刚才讲中国产能的崛起，我们要关注到美国的关切。同样，美国在台湾这一中国如此重要的核心利益问题上，也要关注到中国大陆的关切。此时，对话就非常重要。

在对话的基础上进行行为上的调整就变得更加重要，因为中国不断地表明，台湾是我们的核心利益，是我们的红线，但拜登政府并没有完全对官员和议员的行为加以限制，这就使得两国关系变得越来越紧张。南海问题同样如此，中国也反复强调，南海问题我们自己来解决，美国减少一些干预，情况可能会更好，因为南海过去是和平之海。此时，美国不断地表态，甚至向菲律宾盟友释放一种不清晰的信号，这会让中国进一步理解为"美国希望在南海制造混乱"的信号。这个过程都是"互相建构"的。

解决方案，我认为可以不断地坐下来谈，对现有的事情不断地降温，才能让当下的中美关系不再恶化，我认为，这可能是个解决之道吧。您觉得呢？

克劳斯·拉雷斯： 其实多边的解决方案在解决中国南海问题上应该是最好的一种方式，就像刚才讲到的，中国肯定要参与，同时还有4个到5个其他国家也声称在南海拥有权益，至少这是可以尝试的一个方式。讲到台湾问题，它是有一些困难的，有的时候中国必须了解美国政治流程。但我也要讲，美国政治的流程也不太好懂，太复杂了，我必须承认这一点，大部分美国政客可能自己都搞不清楚。佩洛西窜访台湾是有争议的，不仅在中国，在美国也是很有争议的。因为拜登政府就要求佩洛西不要去台湾，但是又不能够去干预或阻止她，因为当时佩洛西是美国的三号人物，她同时还是众议院的议长，处于非常重要的政治地位，肩负重任。佩洛西在决定访问之前表示，她希望为自己的政治遗产增添一笔，或者是为了支持台湾，因此她选择了前往。尽管拜登反对她的决定，认为这样的举动没有帮助，但佩洛西最终还是决定出行。拜登虽然不同意，但也无能为力，不能把她限制起来，只能任其窜访。我知道，这样的媒体报道，中国官方都知道，拜登是不支持佩洛西访台的，但是仍然有非常激烈的反应，从某种角度来讲，我是懂的，是理解的。但也要了解到，拜登是不支持佩洛西的，拜登政府以及未来的美国政府也没办法完全阻止其他议员窜访，只能让他们三思而后行，如果议员说自己想去，政府是没办法去干涉的。也就是说，并不是所有让中国政府不高兴的行动都得到了美国政府的支持，但有的时候在讨论当中被忽视了或者没有被理解。理解彼此的政治行为是非常重要的。

王文： 这个理由和声音在中国也是能听到的，也不止一位美国的媒体人、记者、学者讲述了拜登并不支持佩洛西窜访台湾的举动。但我想说的是，在中国这边，中国大陆对于佩洛西以及未来可能窜访台湾的美国更高级别官员，必然会做出更加强烈的反应。所以，我们想要表达的看法是，无论是这届的拜登政府，还是未来的特朗普或哈里斯政府，若不能够约束本国议员或其他官员在台湾问题上的举动，必然会遭受来自中国大陆方面更激烈的回应，这时候事情可能就会变得更加糟糕。所以，中国大陆方面也不断地跟美国传递这样的信号。我认为，这需要互相约束各自的行为，在这个问题上要不断地防止事情变得更加糟糕。

克劳斯·拉雷斯： 我非常理解您刚才的观点，但在原则上，军事上的反应或者其他类型的军事反应都是不被建议的，如果政府彼此之间不满意对方，有很多外交的途径来表达自己的不满，你可以叫上大使进行内部讨论或者外部传达信息。所以，不要有一些危险的过激行为，有时候不小心说的一句话真的会让这个事件冲突升级，或者过度地思考，可能会引发军事行动，我们必须努力降温和降级，而不是偏离原本的意图。

王文： 是的，中国大陆在台湾问题上会保留更加强烈的反应，包括但不限于外交、军事和安全方面的反应，我们的目的就是希望能够告诉美国政府和美国政治界，这个问题对中国来讲是最重要的、最核心的问题之一。

如果你不怕中国有更加强烈的反应，那你就这么做，当然这必然会加速这个问题朝着更恶化的方向发展。所以，我想最终的结果就是要达到动态的平衡，这个平衡点就是双方都在台湾问题上谨慎再谨慎，避免两国陷入更加糟糕的境地。我想这时候相互理解就变得真正重要。

克劳斯·拉雷斯：我同意，一定要谨慎再谨慎，我自己可能也是这样的。但是如果出现极端的情况，军方之间的对话还是要进行。我们可以回想一下古巴导弹危机，当然我们不会与中国达到那种程度。美国和苏联在冷战期间确实发生过武装冲突，而当时肯尼迪帮助解决了这一问题。想象一下，如果没有沟通会发生什么，因此，保持沟通渠道在政治和外交上是至关重要的。

王文：您刚才提到古巴问题，我认为这恰恰证明了中国大陆方面对台湾问题的关切如此重要。您想想看，当时苏联想要在古巴部署一些导弹，因为古巴离美国那么近，所以美国的反应也会很激烈，甚至一度美国要以核战争的方式来应对，这时候同样"将心比心"，美国的政客到了台湾，台湾是中国的一部分，中国的反应会多么激烈。所以，这时候我们要以历史为鉴。台湾问题我们已经讨论得非常充分了，接下来再讨论一下中美的未来。

现在看来，中美两国领导人沟通在逐渐恢复，尤其最近沙利文来到中国，我认为，整体上这种沟通还是比较顺畅的。但我们对近期中美关系能否保持稳定仍然非常担心。所以，在您看来，无论是哈里斯上台还是特朗普上台，接下来的四年多，中美关系还需要注意哪些风险或危险点？

克劳斯·拉雷斯：首先我想讲一下沙利文到中国访问，以及在巴黎和旧金山的讨论，沙利文和布林肯到北京，中国其他官员到美国去。这些沟通是很好的，但如果德国总理顾问到法国拜访马克龙，可能就没人会特别关注。沙利文和布林肯到中国不应该成为大家关注的点，这是未来的方向，如果没有人注意到他们，或中国的外长到美国去，大家都不谈论此事是正常的，因为外长会定期到其他国家访问，这是常规的定期沟通方式。

关于特朗普和哈里斯，这是两位竞选候选人，在11月份还很难说谁会获胜。但对大多数欧洲人来讲，他们与特朗普第一届任期的关系是非常差的，因此他们更支持哈里斯。尤其是特朗普对欧洲的态度也很差，与对中国的态度一样。美国对欧洲也征收了很多关税，特朗普也讲过要退出北约等，甚至直接冲着欧洲领导人大喊激怒了很多欧洲领导人，包括德国总理。现在匈牙利总理也是支持哈里斯的，因为她可能会组建更加平衡而且更加合理的政府，这样一届政府也会更多参与到世界事务中来，而且是以一种非常积极、理性的方式参与到国际事务中。

当然，我们也很难判断，只是在未来有这样的预期。在美国和中国关系之上，我认为，可能哈里斯会继续延续拜登对于中国的态度，也就是仍然是强硬的政府，一定会有对外出口的管控。当然并不是对所有的产品，但对高科技产品会有这样的限制。

哈里斯在20世纪80年代、90年代曾在中国生活过，也来过中国几十次，还带学校和其他代表团到中国。她很喜欢中国文化，但也会批判中国政府，不过她对中国是有一定理解的，这一点非常重要。所以，如果哈里斯上台，美国政府对于中国不会像过去那样持敌对态度，不会将中国视为恶魔，而是希望和中国进行合作。当然，他们也会保护自己的利益，但会以更加均衡的方式来对待中国。

王文： 无论是特朗普还是哈里斯，中国希望保持与美国合作的总体战略方向是不会改变的。一方面保持中美之间社会友谊的决心不会改变。当然，另一方面，中国要全力捍卫本国核心利益的决心也不会变。这样双方都要把控，一方面要捍卫自己的利益，另一方面希望维持在社会、人文交流层面的沟通。正如同我们俩坐在一起不断地沟通交流是一样的。

我问的最后一个问题是，我们再展望一下更大的未来，更远的未来，讲讲2035年，这次明德战略对话的背景是二十届三中全会以后，中国对未来的五年做了一些系统部署，我们设定了2029年的改革目标，设立了2035年中国发展远景，还有2050年中国的长期目标，就是要建设一个社会主义现代化强国。所以，我们来展望一下2035年会是怎样的世界？2035年中美之间会是怎样？是会更好还是更坏？2035年的世界是更和平还是更糟糕？我们能不能来一起畅想一下？

克劳斯·拉雷斯：这是非常有趣的问题，当然也是很难回答的问题。我认为，中国会继续崛起，而且会继续保持自己大国的地位，而且也会发展得越来越好，并在很多方面有进步，包括普通大众、农村地区人们的生活一定会得到更大的改善。而且中国在未来的几十年中都会保持这样的发展。对美国来讲，或者对俄罗斯来讲，他们可能都会去讨论关于美国的崩溃论或衰退论，美国需要保持其大国地位，并改善当前的状况。在高科技发展、生活条件、创造力和创新方面，美国仍然具有显著优势，拥有丰富的资源和创新型人才，许多新移民也为此贡献良多。所以，当我们听到未来美国是否会衰退的讨论时，我们希望美国的地位能够得到改善。

第三大地区和组织就是欧盟，他们也会实现战略性自主，这是法国总统马克龙提出来的，希望欧洲能加强自身作为全球大国的地位。当然，我并不怀疑中国和美国能否实现这一点，但对欧洲来讲，我会比较谨慎一些。因为欧盟毕竟是由27个国家组成的，让所有成员国都在一个组织之下拥有同样的观点是比较难的，所以欧洲要成为有生产力的大国还是比较难的。但总体而言，我对中国和欧洲的未来持乐观态度，认为到2035年，欧盟仍将是全球三大力量之一。

王文： 关于美国衰落的问题，我在中国国内可能是少数派，我并不认为美国完全在衰落，但我说这个观点时，可能网络上会有中国网友批评我。美国的大学教育、科技创新仍然非常强大。如果非得说美国在衰落，我认为，可能以美国为中心的霸权体系受到了动摇，美国不像过去那么具有真正的一呼百应的领导力，这方面美国在下降，但美国的资本市场、大学教育、科技创新、硅谷等等仍然是非常强大的，值得中国学习。

到 2035 年，我也祝福美国的社会更好，我们也相对了解美国面临的种族问题、枪支问题、党派的否决政治问题，我们也祝福美国能解决这些国内的问题。当然，中国的问题现在也非常多，老龄化、经济下行压力、地区发展不平衡。正如我这几天跟您讲的，中国仍然是发展中国家，绝大多数精力还是放在解决自己国内的问题。所以，2035 年，我自己的答案是，希望中美两国都能尽全力解决自己国内的问题。这样可能两国的关系还会比现在更好。这是我对 2035 年相对乐观的看法，我相信我们之间也有共识。

克劳斯·拉雷斯： 是的，我确实同意您的观点。此外，还有一点非常重要，那就是每个国家都需要合作来应对气候变化、环境恶化和污染等问题。这些问题无法单靠任何一个国家解决，不能只顾及自身利益。我们需要在这方面进行合作。这点对于美国、中国和欧盟来讲，尤其是欧盟是非常工业化的地区，出于我们自身的利益，也应该在这方面进行合作，才能够保障地球的可持续发展。

王文： 我非常同意您讲的内容。刚才的一个小时对话让我十分享受。每次与克劳斯先生的交流，尽管存在许多不同的观点，但我们总能在更多方面找到共识。我非常欣赏他的思想、他的智慧和他的观点。我希望中美两国的关系也能像我和克劳斯先生这样的私人友谊一样发展下去。未来我们会有很多不同，但再多的不同，我们也要保持沟通，在尽可能多的领域保持我们的合作与共识。非常感谢克劳斯先生今天做客明德战略对话。他马上要回美国，我们祝他一路平安、顺利。谢谢各位！

克劳斯·拉雷斯：谢谢！我也非常享受我们的对话，非常高兴！

对话马克·罗泽尔：
美国年轻人如何真正客观地认识中国？

2024年9月4日，王文对话马克·罗泽尔

王文：各位朋友，欢迎各位再次关注我们明德战略对话，这次对话我们又邀请到一位非常尊贵的嘉宾，坐在我右手边的是来自美国乔治梅森大学政策学院的院长马克·罗泽尔先生，他在美国是非常知名的政治学家、公共政策问题的专家。

就在这次专访前的半个小时，他刚刚在我们中国人民大学重阳金融研究院里开展了一次重要的讲座，讲述了人口问题和美国政治的未来。在这个问题上，实际上就是讲述了一个变化。过去五天，我和罗泽尔先生探访了北京、上海、义乌、温州，开了很多会，接触了很多中国人。

我的第一个问题，您刚才讲座中讲述到了变化，我相信您这次也看到了很多变化，相比于过去，您认为最大的变化是什么？

马克·罗泽尔：是的。我们可以看到，中国正在发生许多振奋人心的事情。能够有机会亲眼看见这些不同地方的变化，确实是非常美好的体验。中国有很多创新项目，我们可以从中国学到很多。这些展现出的活力给我留下了非常深刻的印象。所以，非常高兴有这样的机会了解很多事物。我来过中国很多次了，而中国一直在向前发展、变化、创新。这给我留下了非常深刻的印象，这是我在过去几天中得到的印象。

王文：是的，某种层面上，我们看到更多相互之间的变化，中美之间恐怕都要在更多变化中寻找各自的机会。比如您关注到的，也讲述到的很多美国人口的变化，美国年轻一代的崛起以及他们对于新科技的偏好。中国新的一代崛起，同样也对新科技有很多偏好。然而，中美之间的了解并没有因为新科技的普及而进一步加深。所以这次明德战略对话邀请您到中国走访，正是为了促进这种相互理解。所以，为什么新技术的出现并没有成比例地增加两国之间更多的了解？我不知道我这样的判断是否正确，您是如何看待两国之间的相互认知？

马克·罗泽尔：确实，我相信双方之间是有一些误解的，而且我们需要采取相应的措施来克服这些问题。技术能够有所帮助，但人文交流是非常重要的，这也是我们过去几天举办这样的活动非常重要的原因。技术只能带我们到现在这一步，如果能够进行跨文化的交流，师生之间互访，大家就能更熟悉彼此，了解彼此的文化，从而在双方关系中取得更好的进展。作为一名院长和教授，我来自美国的一所大学，我只是其中很小的一部分，但我也在尽自己的努力作出这样的贡献。我还带着我的学生到中国来。我觉得非常了不起的是，这确实是一个让我开阔眼界的机会，因为我的学生经常说，这是一次改变他们生活的经历。我们也有很多中国学生，这也确实能够打破一些障碍，他们可以更好地了解美国。

我们双方会建立起各种不同的关系，包括友谊和专业上的合作。这些都是非常积极的，是互利共赢的。

王文：现在似乎年轻人发生了很大的变化，中国年轻人对未来有无限的想象，相信美国年轻人也是如此。您在比较中国的年轻人和美国年轻一代学生时，觉得双方有哪些不一样的地方？

马克·罗泽尔：我首先想讲的是两国学生之间的共同之处，就是这些中美年轻人现在比较关心的都是自己的未来。他们是否有能力实现，在美国，我们叫"美国梦"，就是拥有比较好的房子，有自己的工作，获得比较好的收入。在美国社会中，年轻人是有担心和焦虑的，他们对自己未来的前景不确定，不知道能否过上父母那一代那样比较好的生活。当然，父母希望自己的孩子有更好的生活。因此，人们对未来的梦想和愿景在全球范围内都是相似的，这种共同点往往大于差异。当然也存在一定的障碍，比如可能会影响他们是否有能力实现前一代人的梦想，所以跨文化的交流也是很重要的。

在2019年之前有很多这种交流。我们也开始看到交流活动开始重现。所以我尽可能让我的学生到中国来，非常感谢在中国听到大家的一些表述，也就是希望能够更进一步开放，让外国人尤其是年轻人能够到中国来，能够打破一些障碍。现在的问题是，很多年轻人可能从来没有来过中国，但他们已经有自己的理解框架了，也就是从不同信息来源那里构建了自己的框架，可能受到政治话语的影响，比如来自美国大选中的一些政治化语言。这种情况其实并不能很好地帮助构建我们双方的关系，年轻人往往会根据媒体的表述来形成对中国的理解。所以，对他们来讲，如果能到中国或到世界上不同的地方看看，能真正拓宽他们的思维。

王文：下一个问题，美国每次到大选年，总是将中国作为话题。我们也很担心，候选人表现出的对中国的误解，甚至批评和抹黑。这些问题到底在多大程度上会影响到美国下一代年轻人真正客观地认识中国？

马克·罗泽尔：确实会产生影响。这种话语的表述可能有时候过于政治化了，尤其现在美国正在进行大选，有一些表述对中国和美国的关系是非常负面的，他们将中国视为对美国的重大威胁。人们不要把一切原因都归因于大选的话语，而是要了解一下美国普通大众的想法。正是这些候选人想在选民中获得吸引力，所以就会讲他们在国际舞台上非常强大，会去保护美国的权益。有时候保护美国的权益就意味着要站在外国竞争对手面前，要打败外国竞争对手。但这些话语在美国国内来讲，其目的只是为了能够获得更多的选票，而之前我们有过非常好的跨文化交流，之后就变得很少了，人们之间也发生了一些事情。我确实也相信，绝大多数人都是希望中美关系能够更好，也希望能够更好地相处。当然，如果要实现互相更好的理解，交流一定是非常重要的渠道。通过交流，大家都能受益，冲突并不能帮助我们，我们都知道这一点，因此我们需要找到一种方式来改善彼此的关系。

王文：我们遇到了很大的障碍，比如有时候中国学生到美国时，会担心美国的一些治安问题、枪支问题、种族歧视问题。有时候美国学生受到美国政客的影响，来中国时也可能会质疑中国是否不自由。这时候如何打破障碍？如何让中美之间的交流更加频繁？换句话说，正如您所知道的，在中国的美国学生数量现在大幅下降，在美国的中国学生数量也在下降，尽管总量还很多，但下降的趋势显而易见。这个过程中，我们应该怎么去做？

马克·罗泽尔：其实我到中国来从来没有感受到任何困难，所以我回到美国之后也会把这种信息告诉我的学生和同事，我也鼓励他们到国外来学习，无论是到中国还是其他国家。正好我在中国也有一些合作的项目，所以我的学生来中国时也有非常好的体验，我的中国学生在美国大学中也有非常好的体验。所以，我再次重申这一点，当人们离开自己的舒适区，能够进行面对面的接触时，他们能够获得第一手的信息，而不是依赖他人的言论。直接接触是更好的方式，人们可以更好地理解彼此，更深入地了解世界。

王文：有一个问题我一直不明白，美国人口结构的变化会不会影响到美国本身国力的增长。大概在20年前，美国非常知名的教授萨缪尔·亨廷顿写过一本书，书中提到："Who are we？"他讨论了美国人口的变化，甚至提到了美国对未来的担忧，或者说美国"墨西哥化"。从现在到未来20年看，您觉得亨廷顿当时讲的"我们是谁"，现在还有多大的价值？

马克·罗泽尔：美国本来就是多民族、多种族、多宗教的国家，不会出现所谓的"墨西哥化"。从数据上讲，可能在美国生活的墨西哥裔，或者从墨西哥进入美国的人口在增加，所以有人可能会讲美国南部边境会被墨西哥所"侵略",其实这只是政治上的一种话语,是某些政治家为了获得特定群体支持而提出的观点。我个人并不同意这样一种观点,美国是一个由移民组成的国家,而且这也永远是我们国家的优势,我们就是一个多种族、多宗教的国家,未来会越来越好,所以我个人对这方面是非常乐观的。

亨廷顿教授所做的这一预测,即美国会"墨西哥化",移民群体中数量最大的其实是亚洲人,人口增长几乎百分之百是基于少数族裔人口的增加,亚洲移民和拉美族裔的高生育率,白人数量其实是在下降的,所以,我们国家正在出现非常大的人口结构变化和转型。但我认为,这个国家也会因这样的变化而更好地发展。

王文:从很多公开的信息来看,到 2035 年前后,白人在美国占有的比例将会下降到 50% 以下,这种变化将使美国的人口结构不再以盎格鲁-撒克逊人口为主导,我们也很关心美国政治的话题,到底这种变化对美国政治会产生怎样的核心影响?会对"美国梦"产生怎样的核心影响?会对中美关系和美国对外政策产生怎样的影响?这都是我们中国人非常关心的。

马克·罗泽尔:如果要预测未来,尤其是预测人口结构的变化对总体人口态度的影响,进而影响到对外政策,这是比较难的。美国人大选投票时更多是考虑国内的情况,而不是对外政策。当我们讲到中美关系以及一些国际话题时,绝大多数美国人更关心的是他们生活的质量,包括经济变化、教育、医疗、就业以及生活水平。所以,坦诚来讲,很难预测人口的变化到底会对未来这些议题有怎样的影响,尤其是对外政策的影响。

王文:另外我们非常关注一个话题,在美国政治内部出现了很多 LGBT 相关现象,这次巴黎奥运会上,这个话题成为全世界关注的话题。所以,LGBT 对美国的影响到底有多大?我们总觉得美国人口、美国社会内部结构发生了质变,甚至出现文化退化,这种状况到底是什么样的?而且美国民主党政治中不断出现的 LGBT 话题也成为媒体热议的内容,它真实的状况是什么样的?

马克·罗泽尔: 在美国并没有文化的统一,之前可能听说过关于"大替换"或"更替"的理论。有时候在政治层面上也提到了,就是少数族裔在美国的一种崛起,大量的移民涌入美国的社会,有可能会替代传统的美国文化。我认为,这是个很错误的分析,因为美国总是处在不断的人口结构变化。如果你再往上翻几代人,曾经也有人不希望爱尔兰人或意大利人移民到美国,但最终这些人都融入了美国,使这个国家更加丰富多彩,尽管也面临一些困难,比如如何被主流文化接受和融合。实际结果是美国变得更强了,就是由于一种新的元素融入了美国文化当中。美国的文化是多样性的,这有利处。当然,还有一个趋势,在美国人群当中,每次看到大量移民进来时,部分美国人会对新事物产生抵触情绪。

王文: 大量移民不断进入美国,美国的"大熔炉"是否真正融合了这些移民?这是我所怀疑的,不知道我这个问题是否具有挑战性。移民带来了政治冲击,才使得特朗普主张要在美墨边境修一堵墙,类似这样的政策有实施的可能性。我的判断是,我很担忧美国是否真有美国人口、人种的"大熔炉",从而影响"美国梦"的实现。中国相当一部分人认为,"美国梦"实现的可能性会下降。

事实上,今天上午我给一个非常重要的班级讲了一堂课,班级大概有 40—50 位科学家,这些科学家中相当一部分人曾在美国工作,但他们现在回来了,想要听我讲对中国和国际形势的看法。我讲了两个小时,也有一些互动,他们表达了一些担心,就是美国国内一些排外的情绪,包括"麦卡锡主义",原本他们想在美国实现他们的梦想,但觉得危险,于是回到了中国国内。

所以中国要有开放之心，用更好的人才政策吸引世界上更多的人才到中国来，包括中国本身的人才。我们也看到很多数据，在美国的硅谷，研究 AI 问题的科学家中，至少有 20% 的科学家本科是在中国的大学念的。所以我们有时候开玩笑，中美科技战是中国人打中国人。只是现在很多中国科学家觉得美国不安全就回到国内来了。

我的问题是，从中国人的视角怎么判断"美国梦"正在衰落，这种看法是否正确？

马克·罗泽尔："美国梦"还是存在的，我不认为它是在衰落，当然短期内还是有挑战的，特别是年轻一代，他们可能会担心是不是能够真的实现自己的"美国梦"，比如买得起大房子，收入能够一直都有增长，能够有非常舒适的生活。有些人会考虑成家立业，而不是住在父母家里。我和我父母这一代还是有不一样的观点，我的父母那时候一个人工作，养四个孩子。我们虽然不富有，但我们居住的社区、房子都还不错，所以"美国梦"每个人都在谈，对于普通工作的人来说，仍然是可以实现的，并不需要高学历或高智商才能买得起房子、获得贷款或积累财富，这也是许多年轻人非常关心的问题。

但有很多技术产业吸引了很多外界人才，他们在这个产业当中大展拳脚，而且非常成功。我鼓励大家还是要打开自己的思路，关注那些成功的故事、典范。仍然有很多移民来自亚洲。这部分亚裔移民有足够的理由进入高科技产业，而且很成功，也很能赚钱，机会也不错。

当然，现状并非那么完美，还有改进的空间，比如在美国收入不平等的问题，中产阶层不如一两代以前那么舒适了。但很多年轻人仍然会觉得我们所谓的"美国梦"似乎难以实现。这方面我们也在不断地做调整和改善。有很多国际学生到我的大学或美国其他学校求学，有些人就决定留在美国了,在美国成家立业,他们可能也会试一试能否成功,我们为他们提供了教育,他们无论是留在美国还是回到自己的国家,我们都非常骄傲,不管他们的选择是什么,都有可能成功,过上好日子。

王文: 我们也希望下一代能够比我们过上更好的日子,毕竟时代还是要往前发展,国家还是要往前发展。

现在有个非常让人担心的问题是,美国也存在老龄化的问题。在中国,我们的老龄化其实是相对严重的,我经常担心,未来的十年,中国大概有1.5亿人会集体进入到60岁,每年差不多2000万人会进入到60岁,这是因为在1963—1967年间出生的人口非常多,当时每年出生人口差不多2000多万。现在中国每年出生人口只有900万~1000万,这对中国来讲是个巨大的挑战。当然,我们也不认为这是致命的挑战,我们会挖掘更多人才红利,推动人口问题的高质量发展。所以,未来20—30年,中国人口可能会从14亿下降到13亿、12亿。美国是否也存在类似的老龄化现象?这种老龄化现象到底会对国家产生什么样的冲击?从人口角度、社会角度看,美国未来还能保持现在世界第一的地位吗?

马克·罗泽尔: 确实中美在这方面的情况差不多,人口寿命越来越长,人口老龄化是个事实。还有工作的人口在减少,一段时间后老龄化会稳定下来,但老年人口数量会变得更多。社保局在20世纪40年代,当时人们的寿命可能是60多岁,比如67岁、68岁、69岁,当时退休年龄是65岁,也就是40个人养1个人(我们付的钱,40个人养一个退休职工)。但现在好像不太一样了,1个退休的人只有2个人负担他的养老金。所以,我认为这是没办法持续的,长期来讲财政是无法负担的,一定要找到一种向前发展的方法,要么延迟退休年龄,要么减少退休人员的福利。然而,从政策实施的角度来看,这似乎是比较困难的。美国相比OECD国家做得比较好的是，OECD 国家在应对人口出生率下降时遇到了一些困难，比如拉美移民在美国特别喜欢生孩子。特朗普执政期间移民很少，现在移民又多起来了，这对于人口更替至关重要。但长期拉动经济还是需要有人。中国也要想想办法了，操作起来是有困难的，要么接受移民，美国历史上就是这样的，或者形成一种政策鼓励人们组建大家庭、养育更多的孩子，当然执行起来是有难度的，对任何国家都是类似的。

王文：在您看来，从美国的角度来看，随着人口、社会等因素的变化，美国在未来到底还能保持当下全世界最强大的国家地位吗？

马克·罗泽尔：我其实并不太担心这一点，关于谁是第一的问题。这是一个非常具体的国家自豪感的问题，美国一直是最强的国家，而且这么多年一直保持老大的位置。这只是美国的一种自我认知框架，随着世界的变化，中国也更强了，同时地缘政治变数也很多。对于美国来说，这些变数在未来都会使其遇到一些困难，经常有人问我，在美国生活是不错的，美国人过得挺好的，但其他国家的人民也过得不错呀，而且各国都把自己的人民照顾得很好。这是值得庆贺的，我们的日子更好了。对于全球人类来说应该是这样，越来越好。

王文：从全球人类的人民生活来讲，少数地区还处于战乱、冲突之中。21 世纪人类可以享受到的科技产品，高质量的生活肯定要远远超过过去，尤其我们面临新的技术赋能，那就是 AI 的赋能。这个过程也会对我们下一代产生巨大影响。一方面，下一代能够享受到的生活会越来越丰富；另一方面，AI 对人类的冲击是超越我们想象的。比如马斯克就说过，如果 AI 继续发展，有可能会破坏人类甚至掠夺、替代人类对地球的主导权。不知道这个问题您有没有思考过？美国是否有关于 AI 的出现对国家、社会本身结构产生冲击的一些思考和相关研究的文章呢？

马克·罗泽尔：确实，AI 对社会的影响，我也是有担忧的，因为它发展的速度极其之快，我们绝大多数人都还是希望了解 AI 的本质，却很难跟上它的速度，所有这些变化会在社会上产生一定的后果。因此未来充满不确定性。我从一个学术代表或大学教授、一个管理者的角度，认为它在高等教育方面会带来非常大的影响，每个人都想了解到底如何适应 AI 的发展。我的一些同事讲到，我们无法抵抗这一进程，必须拥抱变化，教授人们如何将 AI 作为工具来使用。然而，人们对学生如何创造知识的看法各不相同，尤其是一些人对 AI 的接受度不高，且不确定 AI 能否带来积极的影响。

王文：作为大学的老师、大学的院长，我们总是要引导我们的学生更长远地看待未来。我们一起畅想一下 2035 年以后的人类和世界会是什么样的。如果有很多中美两国的学生在听我们讲课，您会怎么教他们如何面对未来的生活，告诉他们 2035 年会是什么样的？

马克·罗泽尔：在这方面我的想法可能比较大胆，对于现在的高等教育来讲，学生们在接受、拥抱新的技术时也希望能利用这些新的技术，在这方面寻找新科技所带来的就业机会。我并不希望未来的学生会失去这样的想法。我们从过去的学习中也能学到很多，人文科学的学习对我们也有很大的帮助，帮助我们更好地理解人类，理解我们生活中很多的问题，而不仅仅是关注技术。我会有一些担心，高等教育会影响学生的兴趣，使学生对于传统学科或人文学科不会那么感兴趣了，其实我们可以两方面都学习，我们可以用传统方式教授学生传统人文科学学科和科目，让他们接受更加广泛的教育，成为一个思想非常开放的人，要更好地理解不同的学科、不同的领域，与此同时也要非常好地适应这些新科技所带来的变化。

我比较担心的是，人们把技术作为一种工具，只为满足自己的目的，而忽视了教育的更广泛意义。对于高等教育工作者来讲，我们需要谨记这一点。

王文：如果在我面前有中国和美国的学生，我会这样来说，为什么会提2035年呢？首先，我想让我的美国学生感受中国的节奏，包括为什么这次有明德战略对话，主要原因是这是二十届三中全会后的第一个代表团到中国考察调研，我们非常希望让发达国家和世界看到一个冉冉升起的中国。2035年，我们把它定义为中国基本实现社会主义现代化目标的年份。

未来十年，我们下一代的确面临很多挑战，对于我们人文学科、社会科学来讲，挑战是非常大的，甚至教授这个行业可能都会受到冲击。当然，智能科技能够代替我们写作、写论文、做研究、找资料，我有时担心我们教授的价值是否会被削弱。这时候，我的确希望下一代能够更好地运用技术，尽快地超越我们。当然，我也希望我们这一代还要去学习，通过技术赋能，让我们有更强大的研究能力和社会的观察能力。

我当然希望美国的学生，包括年轻一代多到中国来，中国有更加丰富的人类社会发展的素材。我也在美国短暂工作过，在很多美国大学交流过。我突然发现，我们社会科学中所流行的教材、研究和书籍，关于中国的素材太少了。当我们去问ChatGPT，它给出的更多是西方社会科学领域下的答案。换句话说，如果我可以批评，我会说现在科学研究过度"西方中心主义"了。这时候我们当然渴望在以西方中心主义为主导的社会科学的知识库、文字库、思想库里能够有更多中国内容的参与。在这个过程中，我们要做的事情非常多。

我最后一个问题想问罗泽尔院长，为了让知识更加平等，让未来的人类更好地相互认知、了解彼此，而不仅仅陷入本国中心主义的陷阱，我们还能做哪些事？

马克·罗泽尔：确实，这涉及教育，也就是我们的工作。在我们各自的领域中，我们可以做一些努力，我非常赞同并且也支持要有国际化的理解，这是需要通过教育来实现的。所以，我们会尽自己全力来让学生更好地理解世界其实是一个相互交织、相互依赖的整体。当然，到2035年，这个情况可能对我们来说更加重要。我们的学生如果想在未来取得成功，不仅要向内看，也要向外看。我们有一个全球的经济，利益是相互交织的，而这一点一定会越来越明显。为了在未来成为成功人士，他们必须做到这一点，成为全球化的人，全面发展，成为全球公民，学习更多课程，更好地理解其他国家。我对我所有的学生说，要在国外，至少在大学期间参加一次国外的项目，无论以哪种方式，一定要确保你有国际经验，开放自己的思维，这一定会改变你的人生。

王文：非常赞同您刚才的分享，相信未来我们还会有很多沟通的机会，再次感谢马克·罗泽尔院长能在过去几天到中国做深度调研。我期待着我们相互的调研能够更多一些，也期待有朝一日到美国进行更深入的调研。只有我们这些创造知识、研究社会的学者更多地相互了解，才能带动下一代学生进一步投入到相互认知、相互理解的这项伟大的工作中。所以，再次感谢马克·罗泽尔院长。我们下一期的明德战略对话再见！

马克·罗泽尔：非常感谢，我感到非常荣幸！

对话罗思义：
中国"产能过剩"的论调很可笑

2024年9月5日，王文对话罗思义

王文：各位朋友，大家又见面了。今天我邀请到明德战略对话演播室的是各位的老朋友，更是我的老朋友罗思义先生。

罗思义先生在过去的十多年撰写了大量非常经典和杰出的著作和文章，他的文章在中国非常有影响力，甚至很多高层也会阅读他的文章，他还获得了很多国家级奖项。对于我来讲，他的意义更加特殊。大概12年前，我邀请他参与中国人民大学重阳金融研究院的早期创办工作。因此，在2013年，他受邀加盟我所在的中国人民大学重阳金融研究院，成为第一位全职服务于中国智库的欧美高级官员。大家知道，罗思义先生曾经担任过英国伦敦政策和商业署的署长。

在过去的11年中，作为中国人民大学重阳金融研究院的高级研究员，应该说他干得非常漂亮。尽管他很谦逊，经常公开说我是他老板，但是，对我来讲，我宁愿把他视为我的好朋友，知识和思想上的老师，工作上非常亲密的同事。过去12年，我们相互之间太了解了。这次疫情放开以后，他也加入了我们这次明德战略对话的代表团，参与了在上海、义乌、温州、北京四个城市为期五天的对话进程。应该说，这个过程我跟老罗朝夕相处，度过了非常愉快的调研中国和对话之旅。在对话的最后一个环节，我又把他请到了我们明德战略对话演播室的现场，希望能与他进行一次深入的面对面交流。

所以，我第一个问题想问老罗，您对中国已经很熟悉了，去过中国很多地方了。这次五天的行程，您觉得跟您过去对中国的了解有哪些不一样，有哪些新的发现？

罗思义：作为经济学家，我印象最深刻的是对企业的考察访问。在中国，政府间的以及企业间的这些交往，是我特别关注的一点。我去过当地的一家工厂，这个工厂规模特别大，虽然从事的业务很简单，但我了解到它获得了许多专利。这次工厂之行给我留下了很深刻的印象，和我一开始的期待不一样，我一开始觉得像这样一个工厂，它生产的是吸管，产量特别大，肯定自动化程度很高。但实际上并非如此，这让我感到特别有趣。

比亚迪也是类似的情况，一开始它像传统工厂，现在它是个高科技的车企。此外，我们还去了许多高技术企业，比如中国眼谷，当地有很多高技术企业在做研究。所以，我对这个行业也比较了解，因为过去也去过类似的一些企业。不仅在中国，还有一些海外企业。我认为在发展中国家中，中国在研发方面走在前列，其投入比其他任何发展中国家都要多，按GDP比例计算，至少是其他国家的两倍。所以，我特别高兴能够看到中国在科学和研发方面做出的努力，因此这两点我觉得是特别重要的，这也是我自己特别关心的。

最后一天我和当地的官员还有学生进行了自由的讨论，讨论过程特别有意思，因为时间比较充足，所以我们可以反复地交流。有时候去参加那些大会，可能给你的时间只有8分钟，你也没有办法进行互动。所以，当时我能有很多时间进行沟通和互动，我觉得这真的是本次行程的亮点。

王文：在和中国交流的过程中，从一位英国人的角度看中国的经济发展现状，可能会得出与在英国看到的国际报道截然不同的结论。我们感受到了义乌夜市的繁华，在义乌商贸城里面看到那些商业往来，那不仅是繁华，更是国际贸易的盛况。看到学生们朝气蓬勃的模样，看到充满活力的大学校园，看到地方街区的繁华与热闹。

然而，问题是过去两年，我们在海外看到的很多关于中国经济的报道是一片黯淡，甚至认为中国经济已达顶峰（Peak China）。接着又看到很多关于中国经济崩溃了的报道。所以，您作为一名经济学家，如何评价近几年西方媒体对中国经济的一些报道，尽管那些报道并不新鲜，但它们有哪些特点，值得我们关注的问题又是什么？

罗思义：我认为这些报道并不精准，其实西方媒体的这种不精准性也正是我过去谋生之道。比如说，你要去买一份《金融时报》，可能要花5~6美元。但是如果你向我咨询，那就要花几千美元了。不过，我给出的观点要比这些媒体的更精准。这些媒体所提供的信息，如果报道的对象没有什么争议性，他们给出的信息相对来说还是准确的。但如果报道的对象是有争议的国家，报道中可能会带有某种宣传目的，从而导致信息的不准确。

比如说，很多人都说中国经济在放缓，但是你不能只看疫情，因为疫情期间实施了相关防疫措施，所以肯定会对经济有影响。因此，我们得看一下2019年到现在的经济走势。这样就会发现，中国经济增速累计超过20%，美国稍微超过了8%，欧洲4%~5%。换句话说，中国的经济要比欧洲的经济增速快，如果这都算是危机，我们宁愿所有的国家都有这样的经济危机。当然，未来中国经济还会再进一步地发展。

所以，这种媒体上的描述并不是很精准，它给出的这些事实是不准确的，并且它们引用的那些经济理论也是不精准的。比如，现在最可笑的就是西方有人说中国的产能过剩、产量过剩。以中国出口的电动汽车和绿色能源为例，中国在这些领域具有比较优势。就像攻击美国的波音公司大规模出口飞机一样，我们需要关注是否有足够的飞机，毕竟波音自己也生产了很多飞机。同样，美国的药企也生产了很多药品，所以，不能指责他们的药品出口或者飞机出口，而且西方媒体确实也没这么做。因此，我们看到这种理论是有缺陷的。

还有就是200多年前亚当·斯密在经济学上曾经说过，一个国家不应该自己生产所有的商品，因为不可能在所有领域都实现最高的经济效益。而且什么都靠自己生产，很多行业的效率会比较低。所以，你还不如从其他国家进口，这样进行劳动分工，大家各做自己最擅长的行业，而不是一个人做所有的经济行业。所以，现在西方这些报道从理论和事实层面都是不精准的。

王文：最大的问题就在于当下西方对中国经济的报道，不仅仅是错误的、不完整的、不客观的，更令我们担心的是信息的传播被视为一种对外压制的武器。换句话说，过去的几年，西方媒体或者相关的舆论在美国这类政府的主导或推动下，发动了一场打压中国经济预期的舆论战、认知战。而这些舆论战和认知战我觉得形成了对中国发展预期的巨大外部压力，进而使得中国当下社会预期不高，甚至干扰了中国政策的推进。我觉得这是非常糟糕的一件事情。我不知道您是不是这么看，怎么去解决类似这样来自外部的经济预期舆论压制？

罗思义：我同意您的观点。就是在年初的时候，媒体不断传播关于中国经济衰退论、崩溃论等论调。后来中国发布了经济增长目标，大概是5%。但一开始中国发布的这个经济目标，西方并不相信。后来又发现中国的经济发展得不错，可以实现5%的目标，大概到6月的时候，我们就会发现西方媒体的报道更加平衡了。

现在又有另外一个问题了，就是大家在讨论美国的经济会不会放缓，会不会进入衰退。其实我觉得这些论调都没有什么意义，因为美国经济到底会不会慢下来，或者说衰退，影响并不大。但是，媒体上面这些信息不精准，会导致企业的市值受到影响，制裁和关税也会对美国经济造成一定损害，影响其在其他国家的商业利益。唯一的应对方式就是中国要继续保持自身的成功。

我担任过很多企业的顾问，所以，我给出的建议就是信息要精准，目的不是非要去参考某些政府给出的信息，因为有的政府给出信息的目的是做宣传。我觉得还是要去看一下这些信息对市场实际造成的影响。所以，我自己更重视的就是要和企业以及智库进行交流。

王文：坦率讲，我并没有像您那么乐观，中国的一些企业在当下中国的经济环境下面临的压力也是非常大的。过去这些年，我觉得中国倒掉的企业也非常多。而现在我觉得在外部舆论的引导下，且国内相关政策落地还不足的情况下，导致当下中国社会出现了"躺平"现象，这让我们非常忧虑。当然，我对未来还是保持审慎的乐观态度，我们认为改革会出现更好的迹象，如果各个地方落实和执行更加到位的话。比如说，推进要素市场化，提升全要素生产率，推动对外开放，让更多的外资进入中国等这些方面，我觉得我们可以做的事情还非常多。但是，问题是当前中国改革开放遇到的阻力也很大，不仅仅是国内的阻力，还有国外的阻力。所以，对您来讲，怎样才能提升对中国经济的预期，怎样才能提升当前低迷的社会预期，进而推动国内的改革和开放，促进中国经济的可持续发展。

罗思义：我其实也不是一个乐观主义者，但我也不是悲观主义者，我觉得乐观主义者没有什么好处，悲观主义也没有什么好处，我觉得现实主义是真正可行的。中国给出的这些信息我觉得都是精准的，中国不搞这种宣传。说到中国经济的情况，我现在在做一个研究，这个研究发现那些大型经济体发展的规律基本上都是差不多的，有的人觉得挺惊讶的。但是，我们做了很多研究发现大型经济体它们增长的轨迹和小规模经济体有共同的规律。大型经济体的决定因素是每年的净投资，就是每年做的投资再减去折旧的价值，大概是 29.5% 的相关率，还是非常高的。所以，像这些都是一些背后的经济驱动力量，这些会决定中国未来的经济发展。

但是，我觉得乐观主义、悲观主义不会起决定作用，有两个决定因素，第一个就是中国投资规模，研发投入多少，中国大大超过了其他的发展中国家，中国研发占 GDP 的比例基本上是排名第二的发展中国家的 2 倍。但是，在七国集团中，中国还是比 4—5 个国家落后。所以，需要一些时间才能够解决这个问题。研发是创新的基础，而创新并不能仅靠灵感产生，必须有大量的研发人员进行实际的研发工作。

这种创新有了之后，还得真正地变成投资。比如说，互联网作为一个颠覆性的创新，不光是一个好的创新点子，它后来有了很多投资，真正地取得了成功。中国现在在绿色能源和电动汽车领域非常成功，为什么是这样的呢？不是说中国的研发人员就比美国更聪明，我相信中美两国的研发人员从智商角度来讲应该是相同的。

然而，中国的优势在于每年拥有高达 8 万亿美元的投资，这一数额远超美国。正因如此，那些极具智慧的研发人员，所拥有的研发经费是其他国家的两倍之多。所以在绿色能源领域，中国堪称领军者。当然，这并非意味着中国在所有领域都处于领先地位，但中国具备在该领域发展的坚实基础。研发方面的巨额投资能够催生创新，而大规模投资又会进一步带动更多的资金投入。这些都是推动经济发展的关键因素。

王文：创新是第一生产力，我们当然深信不疑。但是现在在中国创新也不容易，不仅仅是研发投入，更重要的我觉得还是观念的创新，还有运行体制和治理模式的创新。我觉得现在中国治理中最需要创新的是运营模式和治理模式的创新。比如这次到地方上去调研，我们发现了很多特别有趣、特别令我们感到振奋的消息和公司。

另外，我作为学者在探索这些情况的时候，要思考有没有什么值得提升的地方。我觉得最值得提升的地方就是各个地方在接待外国人的过程中，还有很大的提升空间。换句话说，许多地方的开放程度还应该更高。外国人对中国的认知往往局限于几个大城市，如北京、上海、广州和深圳，而对于更小的城市和地区，知名度则相对较低。所以，开放是中国当下经济极为重要的一个方面。

但是，问题来了，现在在中国开放也不太容易。如何防范安全的泛化，如何让一些个体，尤其是一些地方上的精英能够认识到真正开放的必要性？所以，您是如何看待中国这些年的开放的？未来中国的开放政策还有哪些方面可以改进呢?

罗思义: 中国其实要看到的就是全球经济在转型,开放的模式也在转型。20年前,基本上所有的国家都支持开放和全球化。但是,现在我觉得世界呈现出两轨态势,在一个轨道上有中国,还有那些大的、处于快速增长阶段的全球南方国家经济体,中国本身增长得非常快,印尼、越南这些国家都是如此。还有像土耳其以及柬埔寨。当然,不是整个全球南方都发展得非常快,但是其中那些大的国家增长速度是非常快的。所以,它们完全秉持开放、全球化理念,不想与全球化脱钩,因为它们本身已经发展得非常好了。

现在一个很大的问题就是,美国认为自身竞争力在衰退。所以,它在不断地向内收缩,也就是闭关锁国。于是,经济出现了两轨化。中国还有全球南方国家在全球化进程中发展得非常快,而美国当然还有欧洲则在向内看,所以,增长得也比较慢。换句话说,中国经济在对外开放的时候要应对的是不同类型的经济。我一开始来中国的时候大家谈的都是美国,后来大家就开始聊美国还有欧洲,再后来大家开始关注东南亚国家,现在又在聊印度。我一直在教学生,每次都要教关于印度的课程。当时我们中国的学生就会觉得你讲印度干吗?没什么意思。但是,现在大家会发现,中国也看到了印度的经济增长得非常快,所以也在关注印度。

因此,在中国进行开放时,需要关注新的开放目标国,而不仅仅局限于欧美市场。对欧美的前景,我并不乐观,认为它们可能会继续走上保护主义的道路。然而,大部分全球南方国家并不会走这条路。

王文: 一方面要引进来,另一方面要走出去。引进来过程中,过去十多年来,中国每年引进外资差不多1500亿美元,支撑了中国当下的发展,外资在中国影响力非常大,也是中国经济增长的重要来源。另外,中国要走出去，走到"一带一路"共建国家，走到俄罗斯，走到印度，到这些国家寻找投资的机会、贸易的机会，以及更多与当地合作的机会。但是，走出去的进程也非常不容易，中国走出去的进程遇到了各种各样的障碍。中国人本身的观念障碍、能力障碍，我们的英文水平相对不高，我们受"父母在，不远行"观念的影响。所以，我的问题是，您对走出去的企业家和个人能不能说点什么？

罗思义：我会跟他们说的就是走出去是未来，我觉得您刚刚提的点非常正确。第一批走出去的企业是美国企业，二战后不久就开始了对外扩展，例如福特等公司在二战之前就已开始国际化。然而，全球化的真正发展是在二战之后。大约20年后，欧洲企业也开始走出国门。现在，轮到中国了。所以，这需要一个过程。中国有"一带一路"倡议，会起到助推作用。但是，还是需要大概10年或者20年，中国才能够培养出有海外学习经验的企业经理人。

王文：二十届三中全会和二十大报告中其实已经理顺了未来二三十年的目标。在二十大报告中，我们提到2035年中国要基本实现社会主义现代化，到2050年中国要建成社会主义现代化强国。从这个角度上来看，我们往未来看，未来中国的经济到底会呈现什么样的态势？2035年中国GDP超过美国，2050年中国GDP会不会是美国的2倍等等，您有这样的设想吗？

罗思义：在经济数据方面，中国的精准度是显而易见的。在上一个五年计划中，中国并没有设定到2035年经济翻一番的目标，因为在执行过程中可能会遇到各种问题。所以中国当时在制定目标的时候非常谨慎。到2035年之前经济会增长4.7%，现在已经有点超过这个目标了。经济学家至少是这么想的，包括国际货币基金组织（IMF）和世界银行，普遍认为中国的经济总量已经超过了美国，尤其是从购买力平价（PPP）的角度来看。中国希望用的是市场汇率，但是这样算下来中国经济排名第二。到 2035 年不管用哪个评价标准，中国经济都将是世界最大的。展望 2049 年，我希望在 2035 年时仍能身处中国，而到 2050 年时，未来的结果将如何，我无法预测。不过，您提到的前景是完全有可能实现的。我最感兴趣的当然是中国的经济。另外，印度经济也会增长得非常快。所以，美国届时要应对的是两个规模庞大且快速增长的经济体。

王文：有一个说法，到 2050 年可能中国经济排第一，印度排第二，美国排第三了，这是一种长远的愿景。但是我倒觉得这个愿景看起来也有点乐观，毕竟美国还有非常多前沿的科技。

所以，我想问您最后一个问题，智能科技目前还是美国领先，中国紧跟其后，欧洲基本上在智能科技领域被边缘化了，日本在智能科技上转型也不够快，其他发达国家就更不用说了。所以，在智能科技时代，国家与国家之间的差距越来越大。在这种情况下，如何处理中美经济的关系，在中美关系未来十年可能会相对恶化的前提下，我们需要思考中国如何应对这些外部挑战。

罗思义：中国要应对这种挑战，本身要保持成功。因为不管外部是什么样子，中国内部是决定因素，中国如果内部做得不好，发展也会受限。如果中国内部做得好，没有其他人能够阻挡中国前进的步伐。未来我觉得中国竞争力在很多地方将会加强，这一点我们必须客观对待。比如说，在 20 年前，更不要说是 1978 年，那个时候很难想象中国的技术会在任何一个行业成为第一，现在中国已经做到了这一点。所以，西方媒体也承认这一点，像华为是 ICT 方面最发达的企业，中国在绿色能源方面排名第一，中国在民用无人机领域排名第一，汽车出口量也是第一。

假设我们有十大主要产业,中国在这些产业中都能排名第一,那么在未来十年内,中国可能会在二十个行业中成为技术领先者,甚至在更长远的未来达到三十个行业的领先地位。这时候美国也得进行调整。因为每个行业中国成为第一之后,美国就会去进攻那个行业的中国企业,比如说,像华为在ICT这个行业就是这种情况。中国绿色能源也是第一,美国又进行打压。然而,如果中国仅在四五个行业中领先,美国仍然可以采取措施,但如果在二十个或三十个行业中都处于领先地位,美国就无能为力了。

在美国,经济增长非常缓慢,大概是2%,要进行内部调整非常困难,需要进行很多改革,比如医疗体制改革需要投入特别大的成本。另外,经费开支也非常多,这些问题倒不是说解决不了,只是要解决国内问题得花大力气进行改革。

因此,对于美国来说,关键在于是否愿意进行国内改革。同时,中美两国之间的竞争是不可避免的,我们对此并不担心,竞争是可以接受的,但我们当然希望避免战争。

王文:中美一定会有竞争,竞争在未来的十年一定会越来越激烈。我同意这一观点,就是在未来十年可能中国的竞争力提升还会在很多产业上奋起直追,比如我们的大飞机产业在奋起直追,智能科技、AI应用在奋起直追。

从这个角度,我认为,我们中国需要做的事情还很多。但是,无论如何,保持跟外部的沟通,更好地了解外部的情况,也更好地邀请外国朋友们来到中国,一起来聊聊中国的经济、中国的发展。这件事情,我认为是非常重要的。我们需要为未来的竞争做好思想准备,更好地理解外部环境,并对外国朋友保持热情。我相信,这种对话和沟通将对中国的发展大有裨益,而做好中国自身的事情则是克服一切困难的不二法则。

特别感谢老罗参与我们的明德战略对话,他作为我的老朋友,只言片语就能够让我感知到我们对很多问题大致的看法是一致的。我们也期待老罗能有更多好的作品问世，有更多的思想跟大家进行分享。也祝老罗身体健康，希望我们继续合作下去。

罗思义：我也非常高兴能够到场。

对话马丁·雅克:
中国有很多办法应对全球形势的变化

2024年9月5日,王文对话马丁·雅克

王文：各位网友，大家好！今天我请到本次明德战略对话的是一位非常重要的嘉宾，他就是为众多中国学者熟知的马丁·雅克先生。马丁先生于我而言意义重大，我们相识差不多有 15 年。第一次是 2010 年，当我作为记者在英国短期工作时，我曾有幸去马丁先生家里采访过他。15 年过去，我已步入中年，但马丁先生仍然神采奕奕，经常有重大著作出版。他最近正在酝酿一部新著作，目前正处于最后的调整阶段。环顾世界，我的第一个问题是，当今时代的转型到底需要多长时间？3 年、5 年，或者更长？您的书是否给出答案？您可以提前透露一些吗？

马丁·雅克：很荣幸有机会接受采访，转型期究竟多长？我觉得它会相对较短，不会一直持续下去。问题的关键是美国需要多长时间才能接受自身相对于中国的衰落，美国是否已经做好准备跟中国开启基于平等的新型美中关系。中美关系的基础不再是霸权主义，这需要多久，实际上我并不知道，可能会花十年之久。但我觉得可能是 20 年，甚至是 30 年。

王文：转型的过程是非常漫长的，我也不认为短期内就会立刻出现我们所期待的另一个世界场景。马丁先生在世界史、思想史上有一个非常重大的贡献，即在全球层面上，是最早一批肯定中国崛起世界意义的学者之一。实际上当中国崛起的时候，世界上很多人并不承认，或者认为中国未来将会崩溃、中国的崛起是暂时的。但是，因为有像马丁先生这样的人出现，越来越多的学者，从思想界、政治界看到中国崛起的真正意义。从目前的情况来看，过去中国的崛起对世界的震撼意义实际上不到 20 年。2001 年中国加入世界贸易组织（WTO）后，其国内生产总值（GDP）迅速从第九位跃升，并在七八年内进入第二位。到 2010 年、2011 年、2012 年以后，中国稳居世界第二位，远超日本，目前中国的 GDP 已是日本的四倍。在新制造、新科技、新民生和基础设施建设等领域，中国取得了显著进展，甚至超过了许多发达国家,对西方世界产生了深远影响。然而,西方世界,尤其是英国和美国,对未来中国经济的悲观看法也日益增多。这种观点,被称为"Peak China"(中国见顶论),认为中国经济已达到顶峰。所以,在这样的前提下,我们如何看待新一轮"中国见顶论"的出现,并且在一些经济数据中我们似乎又看到了符合"中国见顶论"的数据。您是如何回应这些论调,如何看待这些观点的?

马丁·雅克: 西方对中国崛起的态度值得深入研究。自20世纪90年代以来,中国的崛起使西方一直处于一种被动和防守的姿态。西方似乎不相信中国的崛起,每个阶段都试图削弱中国的力量和影响,这是一种典型的西方观点。到今天,这种态度并未发生根本变化。自2017年起,西方,尤其是美国,开始尝试遏制中国的崛起。回顾历史,我们可能会发现,西方的霸权态度使其未能真正理解或承认中国的崛起。因此,当西方未来回顾当下局势,看到中国在引领世界时,可能会质疑为何花费如此长时间才真正意识到这一现象。

王文: 在过去20年左右,西方对中国崛起经历了几个心理阶段。最初,西方未能察觉中国的崛起;随后,当中国的崛起逐渐显现时,西方开始拒绝承认这一现象。随着中国崛起的持续,西方进入了第三阶段,即认为中国的崛起只是短暂的,未来可能会崩溃。接着,西方开始采取遏制措施,试图阻止中国崛起。然而,从特朗普到拜登,尽管不断有打压措施,但中国的崛起似乎并未受到实质性阻碍。西方是否开始重新审视中国崛起的过程,认为这一崛起可能会停滞不前。因此,西方是否真正考虑了中国崛起对世界所带来的正面和积极意义?应如何以恰当的心态对待和应对中国的崛起?哪种心态和方法最为适合?在我看来,西方不太可能接受中国主导全球的局面,这与其传统的国际地位和利益相悖。那么,西方应采取何种策略，以应对中国的崛起呢？

马丁·雅克： 西方应以坦诚的态度看待中国，认识到中国是一个不断发展的国家，前景广阔。随着中国的发展，西方也会受其影响，因此必须适应这一变化。例如，中国在2015年发布的《中国制造2025》计划旨在将十大产业发展为具有全球竞争力的产业。然而，当时西方未充分重视这一目标，未能意识到中国的快速发展及其潜力。西方往往未能看到中国的活力和变化，比如拜登在2014年对中国创新的轻视，与如今的实际情况显著不同。这反映了西方对中国的认识滞后，且态度也未根本改善。过去，西方常常处于否认阶段，后来又将中国视为威胁，这些态度都使其未能深入理解中国的现状和未来。

因此，西方领导人应进行范式转换，接受和理解中国的现实及其未来的发展趋势。中国的崛起是不可阻挡的，历史和发展规律都表明这一点。西方必须尊重中国，平等对待中国，而不是试图压制。学会与中国共存，是西方应对这一挑战的关键。

王文： 西方对中国的打压意愿或其可能性，短期内可能难以改变。这种态度受西方传统基督教文化中"两分法"的深刻影响，这种文化倾向于将事物简单地分为善恶、对错、你我等对立面，从而影响其对外政策。特朗普时代及其后的政策，已将中国视为异类或"异教"，这种看法在西方文化中根深蒂固。未来十年或二十年，巨大的转型期可能带来不可预见的"黑天鹅"事件或"灰犀牛"事件，例如地区冲突、经济低迷和紧张的大国关系，这些都可能对个人安全产生不确定影响。因此，世界是否会变得更加糟糕，以及如何为此做准备，是值得关注的问题。应对这些挑战，需要强化国际合作，提升应对危机的能力，并加强对国际形势的全面分析和预测。

马丁·雅克： 您刚刚对未来的预测，我是基本同意的。您的分析非常深入，并且对于未来的趋势也做出了明智的预测。西方对中国的负面描述和态度，尤其是对中国共产党的妖魔化，确实是一个长期存在的问题，且这种文化上的"二分法"也使得西方难以真正理解和尊重中国的复杂性和多样性。当前的国际关系，特别是中美关系，似乎陷入了僵局，但历史表明，美国能够根据形势变化进行调整。例如，1972年尼克松与毛泽东的会晤和基辛格的努力，展现了美国能够在关键时刻采取积极的外交措施。尽管当前的美国政策表现出一种过度依赖军事力量的倾向，但美国的政策确实有可能随着内部和外部环境的变化而调整。

美国是否能认清自身的衰退，并在此基础上调整对华政策，是未来关键。如果美国能够正视自身的弱点并进行有效调整，或许能够改善中美关系并找到新的合作方式。在全球化和国际互动的背景下，双方的合作和理解对未来的稳定和发展至关重要。

王文： 在美国，有一批学者其实也不认同美国衰退的观点。比如说，约瑟夫·奈最近几年不断地写文章，否定美国的衰退。我也认为，从绝对实力的角度来看，美国在许多领域仍将在相当长一段时间内保持全球领先地位，比如大学教育、科技创新、军事力量、对全球人才的吸引力。从这些角度来讲，我觉得短期内，中国也仍然无法完全替代美国。但是，我认为美国在其他方面的衰落速度非常快，比如它对全球的感召力，即软实力，对国际事务的领导力和权威，以及国家治理层面的榜样作用和种族问题等方面的劣势和衰退都十分明显。

所以，我的问题就是，当面对一个将衰未衰、必颓未颓的美国时，马丁·雅克，您觉得中国应该怎样更加客观地看待美国？在您看来，作为一名长期观察西方状况，且对中国非常熟悉的学者，您对中国有怎样的建议，以便客观理性地看待美国？

马丁·雅克：我同意，美国有很多优势，很少有国家能够像美国一样，自 1945 年以来在军事、政治、教育以及意识形态方面保持如此长时间的力量集中，这是史无前例的。我们讨论的不是衰落或完全退出舞台，而是相对缓慢的下降过程。我觉得美国其实丧失了很多自信，正如您所讲到的，美国经历了一些困难期，比如说，拜登政府被内塔尼亚胡忽视。这些都从侧面反映出美国在全球语境中的力量逐渐削弱。

但对中国而言，我们应始终秉持对美国及其他事务的长远愿景，这应该是中国的态度和思维方式。我们应避免冲突，不急躁，始终尊重对手和潜在合作伙伴。中国在过去不同的时期都给了我们不同的经验，比如在邓小平时期，我们学到了跟美国打交道的一种新方式，这一策略行之有效。

所以，我觉得中国已掌握应对形势变化的方法，虽然无法完全避免冲突和对抗，但应尽可能减少或弱化其影响，谨慎行事。美国的影响力已发生变化，这是当前局势的根本原因，中国需谨慎应对。

王文：中国很谨慎，也非常重视美国的影响力。但是过去这些年，我认为中国已逐渐适应美国的打压，如 2018 年后的贸易战，中美贸易额不降反升，中国顺差未减，显示美国在此战中失利。美国对华为的打压也未能阻止其营收增长和自主芯片及新能源车的发展。现在我倒觉得最糟糕的，是美国可能会在西太平洋沿岸制造一场战争，进而让中国大陆陷入这场战争中，这是很多人所担心的。所以，我们在台湾问题上不断地警告美国，要求美国在台湾问题上慎重再慎重。在您看来，这样一种可能性到底大不大？未来我们怎样防止西太平洋沿岸更糟糕的情况发生？

马丁·雅克：形势绝对无法预料，因为总有一些很难预见的事情发生。比如说，佩洛西窜访中国台湾地区。其实过去这种情况，或者类似事件发生过 2～3 次，都严重地影响了美国和中国之间的关系，这的确是令人担忧的，因为中国已经非常清晰地表示，台湾是中国的一部分。正如毛主席所言，台湾是一个小岛，中国可以等待一百年。中国已经等待了七十多年，展现了极大的耐心。耐心与坚定的结合是应对当前局势的最佳策略。军事行动可能加剧局势恶化，甚至引发代理人冲突。虽然无法预测未来，但局势在好转之前可能会进一步恶化。

我觉得美国会继续在经济上给中国制造一些挑战。自由贸易已不再是纯粹的自由贸易，因为美国以安全为由阻止科技和芯片进入中国市场。中国对此的回应非常直接，总能找到解决方案，并始终如一。

王文：这点非常重要，就是在变好之前，有可能变得更糟糕，所以未来十年变得越来越关键了。我想问最后两个问题，我们一起来展望未来十年的发展。在中共二十届三中全会上，我们部署了未来五年的改革策略。根据2035年的目标，中国旨在基本实现社会主义现代化，并计划在2050年建成社会主义现代化强国。在这一宏大目标的指导下，中国将按照自身的节奏推进相关工作。但是世界呢？所以，我的最后两个问题之一，就是您如何看待2035年的世界，2035年在您眼里会是什么样的一个世界，西方会怎么样，中国会怎么样，世界会怎么样？

马丁·雅克：我觉得就中美而言，在这段时间里，其关系还会进一步恶化。回看类似的情况，冷战持续了40年，当时美苏对峙也是持续了40年左右。当前局势自特朗普上台以来仅持续了八年。在未来十年，我希望能够更加乐观，但是基本上现状还会恶化，这里我指的是中美双边关系。

但同时还有一些其他的现象，那就是就南南国家而言，就发展中国家而言，他们将会越来越多地意识到中国发展的关键作用，他们不想孤立中国。美国迄今为止一直都和盟友保持着非常稳固的关系，比如菲律宾。但菲律宾前总统杜特尔特是亲华的，这体现了形势的复杂性。

所以，形势这么多年来有进有退，但是我觉得一个关键的问题就是中国是否有能力维持这种经济的活力，中国是否能够继续保持5%～6%的增速，从而能够进一步地发展自己的科技行业，推动创新。中国本身的经济是很强大的，而且前景也比美国要好，过去这些年也证明了这一点。所以，我觉得在未来中国要继续发展，而且要更进一步。

当然，中国本身的这些力量、中国的优势，西方还是否认的。中国作为一个文明国家，有强大的资源，而西方包括美国是没有的。所以，长期来看我对中国的发展表示乐观，但未来十年可能并非我们希望生活的十年。

王文：虽然短期内中国的前景可能没有想象中那么乐观，且面临许多挑战，但我始终认为，十年时间其实过得很快。对于2035年，我有以下几个预测，这也是我们研究院报告中的观点：

1. 2035年我觉得中国GDP肯定会超过美国，未来十年中国的护照肯定会越来越值钱，会被越来越多的国家接受。

2. 中国护照在60到70个国家享有免签或落地签待遇，我认为十年后这一数字可能会超过100，甚至达到120，这将使得全球的中国人数量不断增加。

3. 未来十年，到2035年，"一带一路"倡议可能在相当多的层面上又会有很多新的成果，又会有更多新的项目，比如过去十年"一带一路"有很多项目，已经在非洲建设了铁路，在欧洲开通了中欧班列，并发展了一些港口。

因此，我相信2035年"一带一路"将带来更大的贡献。再比如，我们预期的规划是2030年中国人肯定会登上月球。这意味着中国的科技在第四次工业革命中将不再受到美国的压制，已经突破了美国对其科技的限制。另外，我相信到2035年，中国将实现碳达峰，正朝着碳中和的目标迈进，低碳发展将取得更多成就。所以，我们对2035年总是有很多乐观的期待，一个最重要的期待，是我自己的祖国 2035 年会更好。

但是，更重要的期待是关于文明和文化。我们希望的不仅仅是在物质层面上取得进步，更希望在文明和文化上使国家和世界变得更好。

展望 2035 年，我想请教马丁·雅克先生，您眼中的文化和文明是否与我们中国所提倡的人类文明新形态相符？在什么情况下，世界会需要中国的文化和文明力量？未来十年的文明状态将会有哪些新特点？所以，我们提前十年来采访一下马丁·雅克先生。

马丁·雅克：我觉得在这个方面中国有着强大的优势。其实中国目前展现出来的这种优势也只是冰山一角，中国能够为世界带来的优势是非常强大的。首先，中国拥有深厚的历史积累，展现出独特的魅力。此外，中国的全球文明倡议也表明，随着中国未来体量的增加，世界将从各个角度看到中国的吸引力。

另外，有一点不能忽视，就是中国在文化现代性方面的表现也相当出色。例如，中国的互联网公司发展迅猛，抖音在美国的流行就是一个重要的窗口和机会，显示了中国文化的强大实力。尽管对外影响的方式往往是润物细无声的，但中国文化在未来将不断传播，这一点值得关注。

我还想提到，关于环境生态的问题，我们正在朝着 2050 年迈进。中国在电动汽车、光伏和风力涡轮等三大关键技术方面对碳交易至关重要。换句话说，未来大家将越来越依赖中国，发展中国家自然会依靠中国，西方国家也可能在未来更多地依赖中国。虽然具体未来的形势尚不确定，但从大方向来看，西方在这方面将越来越依赖中国，而中国在这个过程中也将发挥示范作用。预计到 2050 年，中国将实现碳中和，成为第一个实现这一目标的大国。所以，随着气候不断恶化，我觉得中国在这方面会作出更大的贡献。

王文：我也认为未来的十年中中国的贡献会越来越大，不仅仅是在物质层面，而且是在国家治理和中国对世界的贡献方面，我觉得中国能够做出的努力一定会更多。特别感谢马丁·雅克先生接受我的采访。特别感谢各位关注明德战略对话。

马丁·雅克：非常感谢！

对话达尼洛·图尔克：
中国的领导力等同全球霸权？强烈不同意

2024 年 10 月 19 日，王文对话达尼洛·图尔克

王文： 各位朋友，欢迎各位来到人大重阳的对话间。今天我们的对话请来了一位非常重要的客人，他是享誉世界的政治家，斯洛文尼亚前总统达尼洛·图尔克先生。达尼洛·图尔克先生是中国人民的好朋友、老朋友，这些年来经常访问中国，对中国也非常了解。更重要的是，他非常热衷于和中国年轻人交流，尤其在中国人民大学教授了很多门课程。所以，今天借着通州·全球发展论坛（2024）的机会，我们在此进行对话，围绕着未来的领导力进行对话，并且和来自丝路学院和重阳金融研究院的老师和同学们进行问答。

我想请教图尔克先生第一个问题。中国人这些年来才开始关注全球领导力。对于中国来讲，我们或许在这一领域尚显不足，或存在某种谦逊心理，甚至未优先考虑过自身的全球领导力。随着中国综合国力的不断增强，越来越多的国际媒体认为中国应该在全球发挥更大的领导作用，您如何看待这个问题？

达尼洛·图尔克： 感谢王文院长邀请我参与对话，让我有机会分享一下我的看法以及我对于领导力的一些思考。

过去 20 年，我一直关注中国。我在斯洛文尼亚担任教授，也曾在联合国任职。因此，我对中国的了解是通过长期学习和积累而来的，包括阅读文献和对中国改革开放的深思。早年在联合国工作时，我曾与安南秘书长密切合作，其间也与中国多次合作，致力于解决全球挑战和问题。安南秘书长那时是我的领导，他也非常关注中国，特别是中国年轻人的发展。

我来自斯洛文尼亚，这个国家与中国有着深厚的友谊，多年来两国关系一直紧密。自斯洛文尼亚独立以来，双方在国际事务中始终保持密切合作，例如目前斯洛文尼亚在联合国安理会中也与中国保持合作。我个人在 25 年前曾任斯洛文尼亚常驻联合国代表，并与中国驻联合国的同事们建立了良好的合作关系。两国之间的友好历史关系值得肯定。

面对当前全球挑战,信心是关键所在,它是应对各种问题的核心。中国已成为世界上举足轻重的国家,有时外界对中国在国际舞台上承担重要角色的期望可能过高,但中国始终以务实的态度应对国际挑战,并且在国际事务中发挥着积极的作用。无论是在我担任联合国副秘书长期间,还是在安理会工作时,我与中国的同事们一直紧密合作。我们的关系很自然,对彼此充满尊重,他们的工作效率和专业精神给我留下了深刻印象。在联合国框架内,中国的贡献受到了高度认可,这也反映了中国在国际事务中所扮演的建设性角色。

作为安理会常任理事国,中国无疑有非常重要的特殊责任和作用,中国在履行自己的责任时也总保持对他国的尊重。这是我个人的一些观察和看法。

王文:我们常说,中国在联合国中是一个天然具有领导力的国家,毕竟是五个常任理事国之一。然而,当前国际讨论中的领导力概念,尤其是西方国家或一些发展中国家对中国领导力的期待,可能不仅仅局限于联合国层面。一种观点认为,中国想要领导世界,进而取代西方的主导地位;另一种观点则认为,应该鼓励中国去领导世界,比如在金砖国家中发挥更大作用。您认为中国应该如何看待外界对其不同形式领导力的设想?

达尼洛·图尔克:我认为,不同的领导力有不同的风格,各国的历史和文化也各不相同,因此对领导力的理解自然存在差异。领导力并非一个单一的概念。中国通过许多重大行动,已经证明了自己的领导力,并且正在继续证明这一点,尤其是在与77国集团及其他发展中国家的合作中展现了能力与政治意愿。这一点很重要,因为它常常未被充分重视。外界有时误解中国只是在自己的领域以自己的方式行事,但这种看法失之偏颇。中国早已向世界展示了独特的能力,特别是在与发展中国家的合作与交往方面。中国在这一点上与其他安理会常任理事国不太一样,其他几个国家的风格或许更多带有"个人因素"。但中国始终坚持自己的风格,同时也关注其他国家的需求和利益,以及地区的力量平衡。

在20世纪90年代及2000年前后,我曾在联合国与中国的同事们频繁交流。当时,欧洲的安全问题与巴尔干地区的安全问题常常被提上议程,与中国同事讨论这些议题非常有意思,能够帮助我更好地理解中国的行事方式。作为常任理事国,中国对巴尔干地区安全问题的认识非常独到。中国同事表现出的谦逊与谨慎让我印象深刻,他们在与我交流时并没有以安理会常任理事国的地位自居。在提出建议之前,我的中国同事总是经过深思熟虑,这种态度在应对复杂的国际问题时尤为重要。作为常任理事国,中国面临许多特殊和复杂的挑战,但始终保持克制,关注各方意见。在与中方的交流中,我深感钦佩,因为中国的同事们总是愿意倾听,始终重视他人意见。中国不会展现出高人一等的自傲。我认为,在倾听和关注他人意见方面,中国远胜于许多其他国家。

王文:您刚才提到中国近年来展现的领导力,在西方国家及其他国家看来,这种领导力可以被理解为三种不同的含义,而对于这三种不同的理解,中国的反应也各不相同。

第一种理解是,西方将中国的领导力视为全球霸权的象征,认为中国想要成为类似于美国那样的霸权国家。如果从这种角度理解中国的领导力,中国无疑是拒绝的,因为中国并不希望有这样的领导力。

第二种理解是,将领导力视为调解分歧与冲突的能力。这种领导力中国是愿意承担的。比如,中国目前正在努力调解乌克兰危机、巴以问题等。如果将领导力定义为调解与推动和平的力量,中国当然非常愿意在这方面发挥积极作用。

第三种理解是,将中国的领导力视为全球的楷模和典范,让其他国家不断学习中国的经验。在这一方面,中国似乎并未刻意为之。因此,领导力应从多个层面加以理解,不同层面的领导力有不同的应对策略和表现形式。

让我们把话题从中国的领导力转到图尔克先生的影响力上来。您也曾经是个孩子,现在是具有世界影响力的领袖,您认为,您可以给孩子们怎样的建议呢?

达尼洛·图尔克: 说到建议,我还得谨慎一点。年轻人虽然愿意听取建议,但不一定会真正重视或接受你提供的意见。因此,建议有时直截了当,而有时则需深思熟虑。像我这个年龄,给出建议时必须非常谨慎,充分考虑自己所要表达的内容。不同代际的人有着截然不同的生活体验,这也导致了我们在看待问题时的世界观、角度和方法各异。因此,我们必须尊重这种代际差异。如果我们这代人真的如此成功、全面、完美,能够提供所有答案,那么世界上的问题早就迎刃而解了,也不再需要我们给出建议。因此,给建议时应当保持谦逊,尤其要认识到寻求建议者的视角也同样重要。

对于年轻人来说,保持批判精神尤为关键。毕竟,现今世界并不完美,身处的环境也充满挑战。因此,拥有独立的见解和批判精神是合理且必要的。尤其对年轻人而言,这种态度显得更加重要,因为他们处在一个尚未达到理想状态的世界中。

每当别人向我寻求建议时,我总是非常谨慎,经过深思熟虑才会回答。人生中经历的事情、观察到的现象,往往成为建议的基础。我还是学生的时候,如果看到有教授假装他好像什么都知道,无所不知,我也会觉得很可笑。所以有时候不要总是主动给别人建议,到哪里都当老师。我们大多数人都不知道问题的答案,每个人都要学习。相比提出建议,我们更应该关注学习的态度和精神,更要能够提出问题。

年轻人对老一辈的决定和行为持怀疑态度是正常的，也是值得鼓励的。因为你们更具智慧，未来也更有可能取得成功。每次我给出建议时，我不会提供一个绝对的答案。这往往取决于你如何看待问题，因为答案更多是基于你个人的学习和观察经验。年轻人与老一辈看待问题和机会的方式有所不同，你们或许能看到我们未曾察觉的视角。因此，在寻求建议时，你们的创新和独特思考尤为重要。即便你听取了建议，也应深入思考如何运用它，以及它背后的意义，而不是简单地接受。没有一个建议是绝对的，它们应该是思想交流的起点，帮助你培养独立的思考能力。

王文：图尔克先生很谦逊。我十年前有幸认识了图尔克先生，那时您刚刚卸任总统，来到中国访问。尽管这十年间您不再担任总统，但我认为您在中国的影响力甚至比担任总统时更为显著。

图尔克先生还获得了中国政府授予外国人的最高荣誉——"中国政府友谊奖"。在过去的十年里，您的文章在中国广泛传播，并出版了畅销书。您在研究中国、与中国接触过程中展现出了极大的影响力。您能否分享一些心得，就研究中国、与中国交流并共同成长等话题，给予中国人民大学丝路学院的学生一些启发？

达尼洛·图尔克：我认为，这个问题值得专门举行一次研讨会来深入探讨，甚至可以花上更长时间。每位在座的朋友都有各自的经历、故事和远大理想。那么，是什么让你们对丝绸之路产生兴趣呢？你们今天在这里的原因是什么？未来你们想做什么？你们如何利用这些经验和知识为未来作出贡献？这些问题无法在一次对话中完全回答。当然，我想首先强调这个问题的重要性。我也愿意分享一些个人的经历。

许多年前，我第一次听到"丝路"这个词，是在学习历史时了解到古代的"丝绸之路"，这条路对全球贸易有着重要的意义。当时我觉得这段历史非常有趣，但并未深入了解它与现代的联系。后来，中国提出了"一带一路"倡议，我开始重新认识这一概念，意识到这是一个旨在重建现代丝绸之路的重大倡议。

中国多年来在国际事务中保持谨慎，更多关注自身国内的发展问题。然而，随着中国在联合国中扮演重要角色，逐步参与全球经济和治理事务，将古代丝路这个概念运用到当代政策中就显得顺理成章。古代的丝绸之路被赋予了新的时代意义。

然而，一些外国人可能无法完全理解"一带一路"倡议的深层含义，以及这一倡议意味着什么。我在联合国工作期间曾多次来华出差，与中国领导人和学者交流。通过这些经历，我逐渐意识到"一带一路"倡议具有全球影响，它不仅仅是一个经济项目，而是一个涉及多个领域的系统性工程，能够带来深远的全球变革。很多人可能只从表面上将它理解为贸易、投资或经济合作，但它其实是一个深刻的、具有革命性影响的倡议，能够从根本上改变中国和世界。

因此，当我们进行分析和得出结论时，一定要格外谨慎。这是我个人的经验教训。正因如此，我开始频繁来到中国学习。每次来访，我都会发现中国和之前有所不同，总是充满新的变化和新事物。五年前，电动车还未成为热门话题，虽然有一些规划，但并没有广泛讨论。如今，中国已经成为全球电动车行业的重要国家，吸引了全球的关注。中国市场的广度和深度，使得中国的项目必然具有全球影响力，例如中国的电动车正在给全球汽车市场带来变革。

在中国，我也体验过不同的国产电动车，并且看到中国在电动车领域具有巨大的发展潜力。这种变革不仅改变中国，也对全球产生了深远影响。因此，个人应时刻准备好迎接变化、适应变化。我自己经历了一些变革，虽然未来的每次变革我无法全部亲眼见证，但作为年轻一代的你们，一定会经历更多的变化与创新。这是一个激动人心的时代，我希望你们能够关注、观察并积极应对这些变化,防范可能出现的负面影响,并努力解决随之而来的问题。这是你们未来需要面对的挑战和使命。

电动车只是一个典型的例子,展现了全球变革的趋势。在此,我要祝贺大家,作为年轻人,你们拥有无限的潜力和机会,将见证更多的未来变革。年轻就是资本,愿你们在未来的变化中有所作为。

Q&A 问答环节

王文:特别感谢图尔克先生刚才的谆谆教导,可谓语重心长。下面我们进入问答环节。

中国人民大学丝路学院2024级新生:我叫史凯恩,是丝路学院的学生,在人大苏州校区学习中外人文关系。我来自荷兰,但是我学的是中美关系,我的问题也和中美关系有关。在2023年的APEC会议上,习近平主席邀请5万名美国年轻人来华,您认为外国留学生访问中国有哪些意义?除书本知识之外还能学到什么呢?

达尼洛·图尔克:我认为这很重要。很遗憾,我自己已经不年轻了,对年轻人来说,这是一次非常好的经历,能够作为学生来中国体验一下,和中国的朋友们一起合作。我年轻时在英国待过一段时间,此前我一直生活在南斯拉夫,因此能够有机会去英国对我来说很重要。英国正值披头士乐队的巅峰时期,他们对全球文化产生了巨大的影响。我体验了当地的音乐和文化,那时候英国还是欧洲文化变革的中心,大家都渴望出国。当时我在英国打工,能够观察英国的整体环境,开始有了自己的反思,这帮助我形成了自己的世界观。当今世界更复杂、更全球化、更扁平化,对一些事情有了解是好的,但没有亲身体验还是不够的。

我认为，中国为年轻人提供了非常重要的机会。你所看到的可能会与你已有的观点不完全一致，也可能会改变你的想法，这都是非常必要的。因此，我希望这个项目能够不断壮大。我之前也提到了签证自由化的问题，希望签证能够放开，特别是签证系统的放开，这对年轻人来说尤为重要，可以让他们更好地交流与学习。现在也不像 50 年前了，旅行非常简单，整体成本也降低了，我希望障碍能继续减少。我想政治家们也应该鼓励更多的改革措施，以促进年轻人的交流，这也是世界所需要的。

中国人民大学丝路学院 2024 级新生：我叫娜丽，来自赞比亚，我也是丝路学院的学生，学习中国政治。我有志于探索政治和外交，特别是与中国友谊相关的职业道路。我想了解一下，您对我这类年轻人有什么建议吗？

达尼洛·图尔克：一般情况下我是不会主动给建议的，除非有人问。我之前也是大学老师，一般会让学生自己探索问题和答案。不过，如果学生问我，我也会给他们提供一些建议。所以，既然您问到我了，我就回答一下吧。

先说说方法。我认为要谨慎地思考，先别着急，想一想，探索并体会一下你感兴趣的点在哪儿。每个人遇到新情况时，心里其实有一些预设。所以，我希望大家能够先观察一下，然后形成自己对于局势的判断。这是第一阶段。

接着开始对话和讨论，和你的同学、老师等沟通讨论，然后再寻求具体的建议。这肯定不会是容易的，如果只是说一些非常简单的场面话，我可能会跟你说有一些宏观现象应该了解一下，比如非洲等非西方世界的问题。在具体的研究问题上，如中国家庭关系的变化就值得深究。如今独生子女政策放松对中国家庭关系有什么影响？中国人民如何应对？他们有什么感受？这其实也是理解社会的一个重要角度。这只是其中一个例子，我以此为例。

如果你生活在这个国家，你就有很大的研究优势，在生活中体验不同层面上的问题，譬如教育、计划生育，如何帮助子女获得更高的社会地位等等，虽然这些不是十分前沿的政治问题，但却是你在中国可以亲身接触到的生活。我并不是在向你描绘可以直接套用的蓝图或公式，而是想说，如果你想要在这里做出更多探索和创新，你应该从自己的学习中找到线索。这就是真实的中国生活，而且是非常好的机会，所以我鼓励大家去这样做。

中国人民大学丝路学院2024级新生：谢谢您！我的名字叫阿瑞甘，来自埃塞俄比亚，非常高兴能够有机会参与今天的对话，我也对您的经验非常感兴趣。

近几年，中国提出了多项全球倡议，比如"一带一路"倡议和全球发展倡议。对于这些全球性倡议，非洲和其他发展中国家可以在政治、经济、社会发展方面向中国学习什么？我们作为年轻学者可以向中国学习什么，发挥怎样的作用，从而对非洲的发展作出贡献？

达尼洛·图尔克：这是一个很深刻的问题，非洲有着悠久的历史，近年来情况非常艰难，所以这个问题我不能轻而易举地帮你解答，但我想从两个方面和你进行探讨。

第一，重视工业发展，非洲仍然被视为采矿的地区和初级商品的原材料产地。工业化的发展是非常重要的，而中国是重要的合作伙伴，但未来的发展程度应该达到哪一步，这是我们需要思考的。如何在经济上与中国建立平等的合作伙伴关系，这是值得我们思考的。韩国的工业化政策就非常值得我们研究，虽然不能直接应用于非洲，但问题是一样的，即社会的工业转型。我们也应该思考，中国的经验在多大程度上适用于非洲，并基于此，思考中非应如何建立良好的合作伙伴关系。中国正在帮助非洲建设工业区，寻找合适的非洲合作伙伴来共同开发。所以，这不是简单就能够回答的问题。

第二，非洲、中国、欧洲三方合作，通过培训和教育来实现非洲的发展。显而易见，中国的合作伙伴关系是强有力的。关于欧洲的经验，许多欧洲国家与非洲有着历史联系。历史上，欧洲对非洲的影响整体上并不完全积极。对于中国、非洲和欧洲之间的三方关系，有些人可能认为这是过于理想化，甚至是不切实际的白日梦。然而，中国的经验可能会产生直接影响，而欧洲也能够参与其中。欧洲并不是非洲的敌人，两者的历史关系也远比表面看起来复杂。虽然历史中确实有不快的时刻，但这些不快的过去不应成为我们创造美好未来的障碍。因此，我认为三方合作的框架是有可能的，至少值得我们为之努力，而不是将这一可能性排除在外。这应成为我们的指导思想。

当然，提出建议容易，实践起来却充满挑战。非洲有着悠久的历史和多样的文化，这些国家经历了漫长而独特的历史发展。然而，我认为，正是这种独特的历史背景为我们提供了更广泛的合作契机。我们可以共同探索创新的合作方式，而这种合作不仅适用于现在，更为未来奠定了坚实的基础。

中国人民大学丝路学院 2024 级新生：我来自巴基斯坦的 Syed Inam AliNaqvi，更关注政治关系和安全。说到领导力，我们知道，习近平主席提出全球安全倡议，主张通过合作实现安全。然而，很多国家，特别是西方国家把中国看作一种威胁。请问您对此有什么看法？

达尼洛·图尔克：我认为国家的发展和崛起很难避免非议和挑战，成熟的政策制定者应对此保持敏感，而不应该害怕给出建议。在我看来，中国不应该被视为威胁。世界应该接受这一点，中国并不是挑战，而是一股重要的力量。像中国这样的大国就应该提出这样的倡议和规划。

我们需要认识到，重要国家之所以重要和强大，并不是因为其规模大，而是因为它相较于其他国家更具实力。然而，在当今世界，我们必须承认相互依赖的现实，这是我们展望未来国家关系时不可忽视的关键点。我们需要务实的政治模式，这种潜在的动态一直在发展。历史表明，较小的国家，尤其是发展中国家，往往会提出自己的利益诉求，强调它们的需求同样值得尊重。历史也告诉我们，这种尊重是必要的。更何况，现今与六七十年代的国际局势已经截然不同。

因此，我们需要一种新的政治模式来适应当前的全球形势。但基本的事实是，大国的强大只是相对于小国而言，没有这样的比较，就没有这种定义。以巴基斯坦为例，它是一个相对较小的国家，但这并不意味着它没有责任或义务。在国际事务中，小国和大国的责任是相似的。大与小只是相对的概念，一些国家在人口或地理上规模较大，但并不追求成为最强大的国家。因此，我认为，"大"和"小"是一对重要的哲学概念，取决于我们如何在政治语境中表达。例如，77国集团这样的形式可能在未来会有新的表达方式。

中国人民大学丝路学院2024级新生：我是来自阿根廷的龚傲古，您提到，领导力取决于环境，因环境而异。这点我同意。那么，领导力有没有通用或基本的特点、特性？第二个问题是，如果外国人特别是西方人想要和中国做生意，您有什么建议吗？

达尼洛·图尔克：这是两个不一样的问题。第一个问题是个很基本的问题，领导力具有什么样的特点，这取决于不同的环境。领导力并不一定要通过军事和经济来表现，它也可以体现在原创性、智慧以及提出的倡议和建议上。其实在过去有很多这样的例子，不是只有定量的因素，还有定性的，比如新加坡的李光耀。在全球范围内，新加坡的经济规模和军事力量都算不上大国，但它凭借独特的治国方法赢得了全球的尊重。新加坡仅是一个例子，它是中国的邻国，也是亚洲国家，这可以是东西方的对比。

当然，可能还有其他情况。新加坡的成功与其领导人李光耀的影响密不可分，英国人称他为"苏伊士运河以东最优秀的绅士"。这很有趣，因为似乎英国人能够判断谁是绅士，并且认为他是最儒雅、最优秀的绅士，而"苏伊士运河以东"则意味着欧洲、亚洲和非洲力量的对比。如果我们思考一下领导力的各种特点，会发现这样的机会可以发展新的形式，即领导力的新定义。李光耀可以作为例子。南斯拉夫在还不够强大和富有时，其政治仍然有一定的独立性、自主性。我相信未来领导力会以其他形式出现。

关于第二个问题。我可能讲得不是特别全面，但我认为在与中国打交道时，有一个根本性的问题，即中国是一个非常古老的文明古国。很有可能你的中国合作伙伴其实对你的了解比言辞表达出来的更深刻，他们会说得很客气，你的自我感觉会很好。

我的个人体验是，和中国朋友打交道，他们沟通时一般都是非常积极正面的，但不要以为他们就不了解你的动机、计划等，实际上，他们可能会更加谨慎。我认为这体现了典型的亚洲文化和中国文化，十分友善，但他们真正的想法和可能采取的行动需要进一步思考。这就要多多对话，多沟通交流，不停地提问题，不断地发展你们之间的关系，不要觉得事情可以一夜之间就完成。建立起这种关系其实需要时间，需要投入，即使大环境很友好的时候也是如此。

当然，大环境不好的时候你自然明白，要多花时间，多努力；但当大环境很友好时你也需要这样做，因为大家不一定达成共识了，依然要努力工作，达成共识，多沟通，多了解。和中国合作是这样，和其他国家特别是亚洲国家合作，也是如此。

中国人民大学丝路学院 2024 级新生：谢谢您的讨论和介绍。我是来自巴基斯坦的 Mariam Dilawar，对于全球发展中年轻人的角色，我想问，关于年轻人的政策，特别是学生的教育对于国家发展有多重要？

达尼洛·图尔克：我认为，这个问题其实可以分几个层面来看。首先，教育的发展是根本性的，这毋庸置疑。但是这仅仅是一个开端，年轻人学到的知识将如何应用呢？他们如何改变世界？年轻人参与问题的研究，形成自己的想法后，可能会想要改变世界，那么他们该如何行动？使用什么样的方法？如何寻求合作伙伴？我也可以简单地说一两点，但可能情况已经不一样了，因为现在年轻人的机会和我年轻时是不一样的。想想互联网、社交媒体，我年轻的时候都没有这些。如果你现在想带来改变都不需要走上街头，只要使用互联网就可以改变公众或者政客的意见。所以，大家也可以自己去探索怎么样使用新媒体，高效利用不同的沟通方式和渠道。

另外，年轻人应当掌握和使用合适的工具。尽管年轻人参与政治有着悠久的历史，但如何将参与政治、经济资源和经济力量结合起来，是一个需要进一步思考的问题。我们是否仅仅研究国家政策，还是需要商界的积极参与？比如，在媒体领域，是否存在垄断现象？我们应该如何利用新技术？当传统媒体尚未完全熟悉这些技术时，年轻人是否可以率先利用它们？这些问题值得深入探讨，也为我们提供了许多可以探索的方向，特别是在与媒体相关的领域。

年轻时，我也曾走上街头，那时这似乎是唯一的方式。然而，现在的社会已经提供了更多样化的选择。在这里，我也要做一番自我反思：走上街头可能只是一种短期的行动。那时，我们以为通过游行和示威就能改变世界，但实际上，当局的力量比我们想象的要强大得多。因此，我们需要更加有效地利用现有的资源和技术，从更加现实的角度审视自己能够做出哪些改变，并实际衡量我们所能达成的效果。

中国人民大学丝路学院 2024 级新生：谢谢您的建议，我是来自俄罗斯的 Vladislav Glaziev。我的问题和同学们的问题差不多，不过是关于俄罗斯的。我的问题是，从您的角度来看，欧洲国家，包括俄罗斯，应该做出什么样的改变，以借鉴中国的经济发展经验，并在未来和平地促进欧洲的经济发展？

达尼洛·图尔克：听起来像博士论文的主题。这个问题涵盖了方方面面，还是挺难回答的，也和欧洲一直以来的政治力量传统相关。我们看到俄罗斯过去 400—500 年来都是世界上非常重要的大国，这带来了一些机遇，但也带来了一些问题。俄罗斯在西欧绝对不会被视为是一个温和的合作伙伴。我们可以认识到这是一个大国，但这也会带来一些复杂情况，当代西欧的某些政治领导人并不那么开放，不愿意尝试新的事物，常常寻找理由来避免改善与俄罗斯的关系。

所以，这也是个问题。我只是提及了一些表面上的问题，就不再深入展开了，但可能问题有更深层的根源。我没法给出解决方案，只能说俄罗斯有很大的能力来加强在世界的参与度，并且以新的方式与世界沟通。我们已经看到了与此相关的一些例子。过去，我们对俄罗斯的印象主要受到冷战的影响，这使得我们无法全面理解这个复杂的国家，误以为它充满威胁，必须联合起来才能保护自己免受俄罗斯的侵害。这是西方过去的心态，也影响了全球对俄罗斯的看法。然而，冷战已经结束，这种偏见却依然存在，并引发了一些新的问题。面对俄罗斯，西方的心态调整并不充分。我希望金砖国家等国际机构能够带来更灵活、更全面的关于俄罗斯的理解。我对此充满期待。

与俄罗斯建立常态化的沟通可能需要时间，尽管过去做出了一些努力，但并未取得显著成效。虽然在某些时期，西方曾视俄罗斯为合作伙伴，但这种欢迎并不真诚。西方更多是在寻找俄罗斯的弱点，而不是公平地将其视为一个大国进行对待。这种态度显然行不通，如今我们也看到了这样的结果。因此，我们需要采取更加开放的态度。然而，这不仅仅取决于俄罗斯，也不仅仅是欧洲和美国的问题，而是全球共同的课题。我希望俄罗斯能够更好地探索其在全球事务中的角色，并期待看到积极的转变。

我就说这些，可能有点泛泛而谈，这也只是我的个人看法。

王文：感谢图尔克先生，我认为我们刚才的对话非常有意义，也极为重要。今天的讨论主要围绕中国的未来，以及如何处理与中国的关系、如何看待中国发展。每次我阅读报纸、媒体或浏览网站时，都会发现西方，尤其是美国，对中国的报道充满批评与误解，甚至有些报道对中国进行妖魔化。我认为，对于中国的未来，我们亟须像您这样的大使与国际桥梁。多年来，您为促进中国与西方的相互理解，搭建了许多重要且富有建设性的桥梁，这非常值得敬佩。

今天，我也请教了您关于中国研究的一些看法。我想回应一下这个问题，也给在座的同学们提几个建议。

第一，世界的发展与中国的关系必须着眼长远，因为中国与世界的相互依存日益加深。现在，在中国的国际学生人数有所减少，尤其是与美国相比。每年有100万至200万留学生前往美国，许多留学生毕业后选择留在美国工作，为美国贡献力量。反观在中国的外国留学生，尤其是来自西方国家的留学生，数量明显少得多。据我所知，去年在中国的美国留学生仅约700人，日本在华的留学生数量也不超过1000人。因此，你们这些留学生比以往更加重要，成为未来中国与国际社会之间友谊与理解的桥梁。这是我给大家的第一个建议。

第二，要在中国交朋友，并建立长期的友谊。这一点我也亲身实践过。几个月前，我在你们的录取通知书上签上我的名字，那时我便已将你们视为未来的同事。从300多位申请者中，我们选择了你们这不到30位的优秀者。因此，我希望大家在未来能够尽最大努力，持续关注中国，相互学习、相互研究。我相信，你们能够找到与中国相关的工作，并取得成功。正因如此，张东刚书记在给你们建议时强调，要学习中文，结交中国朋友。

最后，我再次向大家表示感谢，特别感谢图尔克先生的参与，也感谢在场的观众朋友们。

对话卓奥玛尔特·奥托尔巴耶夫：
美国民众反华情绪高涨，缘何如此？

2024年10月18日，王文对话卓奥玛尔特·奥托尔巴耶夫

王文：各位朋友大家好！今天明德战略对话的嘉宾是一位非常特殊的朋友，我们俩相识十年以上。他不仅是一位享誉世界的政治家，更是一位思想家。过去这些年，我曾多次邀请他到中国来，也和他在世界上很多地方相遇，每次他的观点阐释都让我印象深刻。他就是坐在我右手边的吉尔吉斯斯坦前总理奥玛尔特·奥托尔巴耶夫先生。

奥托尔巴耶夫先生是中国人民的好朋友，因为他在全世界不断讲述中国的故事。在过去，他也写了大量关于中国的文章，持续向中国政府和各个机构提出建议，希望中国能够更好地讲述中国故事。

所以，今天我把他请到我们的会客厅里，就是希望请他来讲讲中国的形象以及我们未来应该做些什么，并且围绕我们要召开的通州·全球发展论坛，谈谈中国的发展和现代化对人类未来的影响。

请问奥托尔巴耶夫先生，多年来中国在对外传播方面做了大量的工作，但是现在我们似乎还没有解决一个根本的问题，即世界上仍然存在着大量对中国的误解，甚至抹黑和妖魔化。作为一位经常在世界各地奔波的政治家，您认为这背后到底存在什么样的问题？

奥玛尔特·奥托尔巴耶夫：我想说，我确实是中国的一位老朋友，因为中吉两国是邻国。而且我也知道，在过去几个世纪以来，我们两国关系非常密切。所以，有些时候，朋友之间必须坦诚相待，不必过于委婉，讲话一定要一针见血、开门见山。

实际上很多时候，世界上的人们担心的是什么呢？大家关心的是竞争、是交流、是沟通。在多个方面，中国的竞争力排名世界首位，超过了美国和欧洲，例如中国的出口超过了美国和欧洲。最近澳大利亚一个著名的智库发表了一项研究，分析了世界上一些大国在高科技领域的情况。这个报告指出，在44个尖端科技领域中，中国目前在其中37个领域处于领先。在高科技上，中国确实取得了非常大的进展。

讲到合作，现在有超过 150 个国家和国际组织加入了"一带一路"倡议。这绝对是个很大的成功。我们可以看到，中非之间的合作也在不断迈上新台阶。这些非洲国家会与德国或美国发展密切的关系吗？我表示怀疑。所以，在竞争、合作这两个方面，中国都取得了令人瞩目的成就。

但是在外宣上，我们该如何做得更好呢？放眼世界，我们能够看到，在美国确实存在一些风险，包括现在美国总统大选就要举行。这两位总统候选人的风格完全不一样，但在对中国的看法上却达成了许多共识。为什么呢？很简单，因为公众的意见是反华的，因此政治精英也表现出反华的态度。

为什么美国民众现在反华情绪很强烈呢？因为他们听不到中国普通老百姓的故事，所以会产生敌对情绪。所以，中国在外宣上还有许多工作要做。

王文：我在国内也写过不少类似的文章，讲述中国在对外传播中存在的问题，但这背后的原因非常复杂。美国对中国的负面言论，是因为我们对外讲得少，还是本身就是对中国打压和遏制战略的一部分？因为中国的实力达到了这样的程度，动摇了它自身的地位，美国进而不断地推行对中国的打压和遏制政策，甚至屏蔽了中国大量对美国的传播内容；另外，中国的许多学者也无法前往美国。尽管我们非常努力提升中国国际传播的能力和资源，但声音仍难以传达，甚至被美国自动地"审查"了。所以，有没有更好的办法来解决当下这些问题呢？

奥玛尔特·奥托尔巴耶夫：我也想给您举个例子，比如俄罗斯国家电视台也是将国家的故事讲给西方的观众听。但最近俄罗斯电视台在美国和欧洲被禁止了，为什么呢？因为它的故事讲得很好，民众也愿意听。

当然，美国在言论自由方面确实存在问题，他们会禁止一切他们不喜欢的东西，但是至少我们能看到俄罗斯电视台讲故事的成功。虽然他们的成功经验并不是百分之百可以复制的，但至少我们可以从中学到一些东西，让我们做得更好。

王文：的确，在外交斗争经验上，我们要多向俄罗斯学习。不得不说，俄罗斯在过去200年甚至300年时间里，在与西方国家的斗争、博弈、竞争中积累了大量的经验。尤其是叶卡捷琳娜女皇以来，俄罗斯就处在整个大国竞争的中心位置。到了苏联时期，苏联就已经在世界的中心了。

在过去200年左右，中国长期处于弱国地位，直到1949年中国才站起来。改革开放以后，中国解决了温饱问题，到了习近平主席时代，中国才逐渐强起来。从2013年习近平主席提出"一带一路"倡议以后，中国才开始学会用"全球强国"（Global Power）这样的定位来开展对外交往和对外传播工作。从这个角度来说，我们其实才不过十年的经验，远远不够。当然，我希望未来会做得更好。

过去14年，中国在工业生产总值上不断取得进步，2011年超过美国；2013年，中国的货物贸易超过美国，成为世界第一；2019年，中国的知识产权（IP）申报数量超过美国；2021年，中国对外投资额超过美国。所以，我们很明显地看到，过去的十年是个赶超的过程，中国在生产总值、货物贸易、知识产权以及对外投资方面逐渐超过美国。

所以，我相信，再给中国十年、二十年时间，未来中国的对外传播可能也会迅速发展。让我们来构想一下2050年的世界。在中亚、中俄、俄美之间，用更加平和、客观的心态看一下未来，您认为2050年的世界会是怎样的？美国的霸权还会存在吗？欧洲又会是什么样呢？俄罗斯又会怎么样？作为一个曾担任国家总理的人，您如何看待世界的未来？

奥玛尔特·奥托尔巴耶夫：非常感谢，首先我想提三点关于发展的重要元素：竞争、合作、交流。中国在前两个方面取得了非常大的成就。中国有快速学习的能力，通过不断学习他国的经验来厘清困惑。交流这个议题并不是简单的单线程工作，它不能直接带来经济利益，我们需要关注公众的意见，这是一个非常切实的问题。我们如何构建中国良好的形象，只需要学习最佳实践就可以了。当然，我并不是说俄罗斯的做法就是最佳实践，每个国家都有自己的情况。我们要更好地向西方塑造我们的形象。

您提问的第二部分聚焦于2050年的展望。我们非常高兴看到中国的政策致力于推动经济的增长，将提升人们的生活质量放在核心位置。中国重视与外部世界的合作。作为中国的邻居，我们能够清晰地感受到中国增长所带来的溢出效应。我们有着共同利益，将会密切加强合作，不仅每年举办峰会，国家元首也多次会晤。同时，民间文化交流日益频繁，科学研究方面的交流同样活跃。所以，我认为，中国是未来亚洲的引领者。我们也非常高兴能成为这份成功的一部分。亚洲将占据世界GDP超过50%的份额，占比巨大。因此，亚洲发展得好，全球就会好。

作为中国的邻居，我们同其他国家一样，希望学习中国的经验，例如中国在对外合作方面的经验。中国与东盟的贸易额已经超过了对欧盟、美国的贸易额，这对与东盟国家同为发展中国家的吉尔吉斯斯坦而言，是个很好的范例。与此同时，我也想强调，我们的发展和现代化最终是为了实现高质量发展。塔吉克斯坦人民的受教育程度很高，这是来自苏联的遗产。我们理解社会主义和资本主义制度哪一个对教育水平的提升更有利，因此我们保留了和中国相似的教育体制，这有助于为两国合作提供便利。

对于中国来说，可以加强协作来促进人才的交流。我们不希望看到人才仅仅流向美国加州，也希望人才能够流向深圳、北京、杭州等地，因为这些地方仍然需要更多的人才。现在世界范围内只有两个国家能够以如此规模开展科研，那就是美国和中国。在科研方面，美国目前显然是第一，过去几十年当中，绝大多数诺贝尔奖得主都来自美国，尽管其中40%的得主并非出生在美国。

目前为止,在中国的科学领域,只有一位医学方面的科学家获得过诺贝尔奖,因此我们需要在科学研究方面加强努力,以提高在 21 世纪的竞争力。

王文:从这个角度来讲,我们常认为科研与获得诺贝尔奖之间存在 20 到 30 年的滞后。假设中国在未来能获得众多诺贝尔奖,那就意味着美国真的衰落了,这就好比美国在 70 至 80 年代后诺贝尔奖得主日益增多,标志着欧洲的衰退一样。诺贝尔奖总是奖励 20 年前的那些成果,所以我相信 20 到 30 年后,中国会有越来越多的诺贝尔奖成果出现。基于此,我还想向您继续发问,当我们展望 2050 年的世界时,美元还有这么强大吗?美国的实力还有这么强大吗?

奥玛尔特·奥托尔巴耶夫:未来很多年内美元仍将处于霸主地位,但会有很多竞争者,并且美元本身正在侵蚀自己的领导地位,比如没收俄罗斯国家海外资产。俄罗斯将一部分资产存放在欧洲和美国,但这些钱并非欧美所有,后来发生了俄乌冲突,欧美却没收了这笔属于俄罗斯的财产。事后我们看到,其他持有美债的国家纷纷开始衡量、权衡一些政策:如果我们和欧美有矛盾,存放在欧美的财产最终可能也会被没收。既然如此,我们为什么要继续相信和持有美元呢?其实这本身对于一种货币来说是不好的消息,如果这个国家没有办法做到中立,把货币作为一种政治武器,那么我们如何能够信任它呢?这是一个非常显著的现实。

现在俄罗斯和其他金砖国家将会继续探讨现有 SWIFT 和美元统领地位之外的新数字货币结算体系。所以,未来如果有新的力量出现,就可能会威胁到美元的地位。而金砖国家,尤其是俄罗斯,是一股颠覆性力量。

王文：我认为美元在相当长时间内会占主导地位，但主导的比例可能会下降，尽管出现了其他货币。所以，从国力和政治角度来看，这种多元化恐怕也是一种趋势。到了 2050 年，美国可能只是一个地区性的强国，不再保持全球的霸权地位，而俄罗斯、印度、中国以及其他国家都会在各个地方崛起，最重要的是全球南方国家的崛起。

奥玛尔特·奥托尔巴耶夫：卡尔·马克思说过，经济基础决定上层建筑。而南方国家的经济实力增速非常快，人口趋势也值得关注。这两个因素都指向 2050 年，全球西方国家的力量将会下滑。西方应该接受这一客观事实，而不是试图遏制任何一个（全球南方）国家的发展，不仅是中国、印度，也包括印尼、埃及、沙特阿拉伯、越南等。之所以会出现"遏制中国"这样的说法，是因为中国正处于第二的位置。但情况也会发生变化，总不能遏制世界上每一个国家吧。

未来，各国的影响力将会不断增强，包括上合组织这样的全球性组织的崛起。对于西方而言，是时候清醒地认识到，它们将不再独自主导全球力量格局。未来的全球格局将由多国共同塑造，形成多元文化、多国并存的新局面，类似于联合国，这将会是一个更加平等的游戏规则和体系。在 IMF 或世界银行体系之下，各国可能会建立自己的相应组织机构，也有可能会促使 IMF 在压力下进行新一轮的改革，这就是我们要优化路径的原因。

全球化在不断地发展，虽然有一些反华的情绪在西方抬头，但这些并没能阻止许多客观事实的发生和政策的演进。例如，西方将越南视为朋友，而将中国视为敌人，这种做法毫无道理。西方需要明白，不仅是中国，整个全球南方都在崛起。

王文：我认为，中国和更多国家之间的交往会越来越呈现出和平、稳定、相互尊重的模式。尽管当前中美关系较为紧张，但在 10 月 15 日，习近平主席向美国一家机构发出了一封信，明确表示"中国愿意美国成为中国的朋友"，这充分表达了中国对美国的善意。

我们再来畅想一下未来，中国这种对外交往的模式和本身发展的模式是否可以给全世界提供一些可复制的经验呢？例如吉尔吉斯斯坦等中亚国家，是否也能从中国的发展中获得启示？

奥玛尔特·奥托尔巴耶夫：是的，我们从中国的发展和崛起中学到了很多，这些经验已经得到了验证。竞争与合作必须成为任何文明发展的基础。所以，我们已经准备好开放市场来充分参与竞争，包括更好地与中国进行竞争。当然，与中国竞争肯定绝非易事，但在有些领域，我们可以互学互鉴，不同文化之间也能互相学习。竞争总是存在的，自始至终贯穿于发展之中。

因此，我们相信能从中国学到很多。由于我们有一些共同的亚洲价值观，互相理解并不难。而且对于整个亚洲的民众来说，我们已经积累了长期的成功经验与成果。中国的影响力，无论是在非洲、拉美还是其他许多国家，都带来了成功的经验。而在亚洲，我们见证了竞争与合作并存，形成了和谐共赢的局面。希望您能理解我的意思，我们在交流时都明白，唯有共赢才能持久。这是我们从中国学到的，也是正在践行的，这在不同地区都是适用的，尤其是邻国之间更是如此。

王文：非常感谢奥托尔巴耶夫先生做客人大重阳的对话间，也感谢他参加通州·全球发展论坛。

对话格泽高滋·科勒德克：
"美国梦"碎一地，他们怎能怨中国？

2024年10月18日，王文对话格泽高滋·科勒德克

王文：非常欢迎各位关注人大重阳。今天我邀请到了一位非常重要的、享誉世界的经济学家：格泽高滋·科勒德克先生。科勒德克先生是波兰的前副总理兼财政部部长。过去这些年，他撰写了40多本著作，其中关于中国的著作就有6本。我的第一个问题是，您写了6本关于中国的书，发表了几十篇甚至上百篇关于中国的文章。您认为过去30多年，中国哪一点变化出乎您的意料？哪一点变化是您过去所没有想到的？

格泽高滋·科勒德克：这个问题的答案其实很简单，就是中国的发展速度，中国经济增长的速度。我知道中国会发展得很快，但没有想到能够达到这样的速度。在许多年前，我很难准确地预测到中国能够取得如此巨大的成就。在世界范围内也是如此，经过这些年，在地缘政治的语境之下，我们看到中国已经成为一个如此有影响力的全球大国，这一点也是超出了我的预期。中国现在是世界上最重要的国家之一，在当前这个时代，我们很难想象一个没有中国的世界是怎样的。

王文：这几年来，关于中国经济的看法在一些欧洲和美国的媒体以及学术界发生了变化。他们认为中国经济过去30到40年发展这么快，未来肯定不可能再保持这样的高速增长，甚至认为中国经济已经遇到了"瓶颈"，即所谓的"Peak China"。对中国未来经济发展看法的转变，背后代表了什么？"中国经济见顶论"是真实的吗？在您看来，中国经济未来是否还能继续保持高速发展，并有可能超过美国成为世界第一大经济体？

格泽高滋·科勒德克：这其实取决于我们如何定义高速发展。我对于中国未来的经济发展是非常乐观的。如果我们只是简单地说，高速增长就是每年增长10个百分点，那恐怕就太天真了。因为从低点开始快速发展是比较容易的，比如我的祖国波兰在20世纪，我在政府任职时，增长速度大约为6%，但现在再谈这个速度对于我们国家就是痴人说梦了，今年可能也就增长3个百分点，明年也许是4个百分点。

我们看到中国经济增速仍然高于世界平均水平，今年世界平均水平大约3%，中国已经接近5%了，这是个了不起的成绩。尤其我们要考虑到中国摆脱了绝对贫困，现在发展得非常好，不仅大城市发展迅速，小地方的进步也很显著。

西方的一些政策制定者可能希望看到中国经济增速放缓，比如十年前，当时大家都在议论所谓"硬着陆"的问题。但我认为这样的看法其实是非常愚蠢的。今年前三个季度中国GDP增长仍然能达到4.8%，这其实是非常好的数字，而且未来预期也是好的。

展望未来十年，如果中国能够保持4%至5%的增速，对于现有的基础来说是非常了不起的。对经济学家而言，中国的经济发展对全球经济是非常积极的消息，但一些"鹰派"政客可能就不这么认为了，尤其是美国的一些政客，他们并不希望看到中国变得越来越有影响力。对于这些政策制定者来说，他们看待中国的视角自然是不一样的。但理性的经济学家和政策制定者会期待中国经济保持相对较高的增长率，因为中国是全球经济增长的重要引擎，其增长能给全世界带来好处。

王文：我非常赞同您的看法。中国式现代化不仅造福于中国，也为世界带来了诸多变化。我认为至少在五个方面会对全球产生深远影响。

第一，中国式现代化使得14亿人的命运在短短40年内发生了翻天覆地的变化，而目前全球仍有约10亿人生活在贫困中。因此，我们今天召开通州·全球发展论坛（2024），正是为了讨论如何解决发展问题。

第二，中国式现代化是实现人与自然的和谐共生。十年前您也来过中国，那时候中国面临严重的雾霾问题，而如今，中国已经基本消除了雾霾，实现了低碳发展，成为全球低碳发展的模范。

第三，中国能够实现物质文明和精神文明协调发展。我们看到，中国社会的稳定性和治安水平在全球范围内名列前茅。

第四，中国不断地推进解决贫富悬殊的问题，不会产生社会的分化。在欧洲、美国现在都存在大量的社会分化现象。

第五，中国能够在和平与稳定中不断前行。过去几百年，许多欧洲和美国国家都是通过战争崛起的，而中国则是通过和平发展实现崛起。这五个特点构成了当下中国式现代化的重要特征，我相信您对此也比我更为熟悉。

作为欧洲甚至是全世界顶级经济学家，您有没有想过中国成为世界第一大经济体以后的世界会是什么样子？有人做过这样的研究或者讨论吗？如果中国成为第一大经济体，中国和世界分别会是什么样？

格泽高滋·科勒德克：这是个非常有趣的讨论。不同的视角和观点来源于不同的利益出发点。中国的现代化发展解决了很多世界范围内的问题，在全球维度上，中国扮演了积极的角色。然而，其他国家可能会有不同的看法，这往往是在不同利益冲突的背景下产生的。比如现在全球南方国家这个概念得到越来越多的关注，这是很好的一件事情，但西方一些国家会认为，中国现在致力于成为全球南方国家的领导者，这可能会在美国和欧盟引发一些连锁反应，也可能会在全球南方国家中激发竞争。

王文：在我看来，西方最怕的是对其世界霸权的挑战，这是根本的利益所在。但对中国来说，我们无意挑战西方或美国。不过随着中国国力的提升，未来中国的经济就有可能成为世界第一，在世界上具有越来越多的话语权。所以，我们是通过自身的发展获得了世界范围内更为普遍的认可。我认为是这样的逻辑。所以，我可不可以理解为，即使作为西方顶级的经济学家，您仍然没有考虑过，如果中国成为世界第一大经济体，世界会变成什么样这个问题？

格泽高滋·科勒德克： 实际上我是考虑过这个问题的。如果中国有朝一日成为最大的经济体，我认为这在几年内就会发生，这不会给世界带来任何风险，但却会打碎一些美国人的幻想，他们无法接受美国霸权的终结。美国试图让其他国家相信，中国成为第一大经济体对世界是不利的，并试图说服大家"中国不是和平发展的国家"。但我们始终应该保持自己的独立思考，而且也要看到，西方世界的观点也是非常多元的，比如在芬兰、丹麦或其他国家，人们的想法跟美国也是不一样的。

我认为中美两国完全可以和平共存，但这需要互相加强理解和对话，这对双方的领导力提出了很高的要求。对于美国来说，恐怕无论是现任总统还是下任总统都可能难以满足这样的领导力期望。因此可能需要中国付出更多的努力来推动两国和平共处。

王文： 我们有信心解决中美之间的"修昔底德陷阱"。不久前习近平主席向美中关系全国委员会 2024 年度颁奖晚宴致贺信，明确提到"中国愿意同美国做伙伴、做朋友"。所以，我认为中美关系现在正处于危机管控的进程中。

回到今天的通州·全球发展论坛的主题，本届论坛发布了《人类 2050：人与社会全面发展》报告，提出了 2050 年全面发展目标的方向及红线。我们认为，2050 年其实并不遥远，在接下来的 25 年中，中国式现代化的发展经验能够给世界作出很多贡献。我们也认为，25 年后的中国会更加强大，给世界带来更多的稳定、和平、发展和繁荣。让我们设想一下 2050 年，科勒德克先生，您认为到那时美国霸权还会存在吗？中美之间会发生战争吗？欧盟还会继续存在吗？

格泽高滋·科勒德克： 我认为 2050 年时欧盟会继续存在，而且会更庞大，吸纳更多成员国，但是成员国之间的关系未必会更加紧密。当然，美国可能乐见于此。

现在很多经济学家都认为，未来的世界可能会出现越来越多的敌对竞争关系，尤其是在以美国为首的西方阵营与以中国、俄罗斯为首的东方阵营之间。俄罗斯由于乌克兰冲突而元气大伤，未来我们肯定会看到一些竞争，全球南方的影响力可能会进一步增强。在军事方面，也会存在一些军事对峙和军事援助的竞争。这显然是一个不好的趋势，如果发生军事冲突，可能会成为大问题。

我认为未来可能不会存在单一的霸权，而是呈现"多强"的局面。例如中国、印度、美国、日本等许多国家会在一起协商探讨，寻找共同的利益。对于欧盟来说，它同时属于东方和西方，既是欧洲大西洋这边的成员，同时也是欧亚大陆的成员。我曾经和马克龙总统讨论过，他表示与美国结盟并不一定意味着选边站队，法国更倾向于保持一种中间状态，这对全球政治和经济将产生深远影响。

我们所面临的一系列挑战都有实用主义的解决方案，这就是为什么我坚持做这方面的研究。我把它称为"新实用主义"的研究。我们必须要接受这样的事实，世界上将不会只有一个霸权国家，而是会成为一个多极化的世界。各国会以磋商的方式来解决争端。未来中美两国都需要向着这一方向共同努力。

王文： 我也认为 2050 年会是一个没有霸权的世界，中国不会成为新的霸权，中国希望能够为这个世界作出更多应有的贡献，这也是本次通州·全球发展论坛的重要目标之一。我们发布《人类 2050：人与社会全面发展》，就是希望推动中国智慧、中国思想、中国方案能够对世界的未来作出贡献。

对话亚历山大·杜金：
被称为普京"大脑"的人怎么想

2022年10月21日，王文对话亚历山大·杜金

爱女杜金娜 2022 年 8 月不幸遭恐袭身亡后，俄罗斯哲学家亚历山大·杜金近况如何？作为一些欧美媒体疯传的"普京大脑""俄罗斯智囊""国师"，他到底怎么看待当下的俄乌冲突与俄罗斯现状？对于自己与普京的关系，他是怎么评价的？他对中国年轻一代学者有哪些建议？约访多次未果之后，2022 年 10 月 21 日，我终于应杜金之邀，在其办公室与其交谈了一个小时。

王文：首先，请允许我代表很多中国人向您致敬，对您爱女杜金娜的不幸离世表示哀悼。近几个月来，俄罗斯国内发生多起恐怖主义事件。您如何看待如今俄罗斯在冲突下的国内发展状况？

亚历山大·杜金：首先，我要感谢你们在道义上的支持，也深切体会到中国人民对我女儿杜金娜遇难的悲痛之情。杜金娜是我们俄罗斯灵魂与不公正全球霸权体系斗争的象征，也是西方恐怖主义行为的受害者。

这是针对俄罗斯的恐怖战争的开始，这也是西方恐怖分子第一次在俄罗斯境内对公民进行袭击。我想再次强调，我没有担任任何官方职位，也没有参加乌克兰东部的军事行动，我没有深度参与这场斗争。杜金娜和我没有做任何可被认为是参与军事、政治、行政方面的事情。知识分子仅仅因其所言所想而被谋杀，这是前所未有的，这种针对知识分子的恐怖行为令人不安。而这，就是战争。例如，欧盟对我实施了新的制裁，因为我阐释了特别军事行动的神学基础。这为一个全新的战争历史篇章提供了新的指引：当思想真正重要时，你因理念而被谋杀。这个悲剧性例子展示了思想的重要性，这是用生命在做赌注。但如果你是战士，你就应该准备好在战斗中死去；如果你做出政治决策，你就应该准备好为你的决策买单。

长久以来，神学哲学都关注着人类的生命。俄罗斯正处于危急状态。

我愿称之为"俄罗斯正在发生深刻的思想革命"。普京执政的22年间,这一思想革命其实早已开始;而特别军事行动则是彻底改变的开端,它扭转了俄罗斯自20世纪90年代以来的全球路线。当时,俄罗斯接受了西方霸权、制度、价值观和政治民主,以西方为榜样,视西方为"救命稻草"。这就是俄罗斯和中国的差别:中国接受规则,并充分利用国际规则而取胜;而我们俄罗斯在20世纪90年代却背叛了国家独立性。普京执政后,开始为俄罗斯的独立自主而战。但过去22年,他一直被西方制定的规则所桎梏。西方一向希望以此削弱和打击俄罗斯。

普京试图调和国家崛起与融入全球化之间的矛盾,但这是不可能的。在特别军事行动开始后,这种不可调和性达到了顶峰。普京不得不对此作出激烈反应,但是俄罗斯社会并没有为此做好准备。因为对抗西方是一条过于漫长、过于艰难的道路。俄罗斯现在正处于反西方、反美国、反拜登的激进抗争中。我们试图调整社会理念和自我评估,以适应所处的情况,这一过程非常激烈且极具戏剧性。

王文:我很赞同您精彩的分析和预测。我记得,早在2008年,您就已撰文论述了俄罗斯与西方冲突的不可避免性。然而,当中国学者意识到中美冲突或许正趋于不可避免时,通常会全力提议避免对美战争。比如,哈佛大学艾利森教授提出中美的"修昔底德陷阱"理论时,中国学者会进行反驳,试图改变这种"可实现性的预言"。我想知道的是,为什么俄罗斯的精英们不奉劝普京总统尽力避免冲突,或采取一些可能比特别军事行动更好的办法?在俄罗斯,像您这么有智慧的政治哲学家一定有更好的解决方案,不是吗?

亚历山大·杜金:这与个人和群体的意识平衡有关。不是普京总统主动想发动这次特别军事行动,而是整个社会要求开展这次特别行动。俄罗斯社会很特殊，需要"父亲"式的领导者（比如沙皇），这样的人物也必须能向全社会做出安全保证。如何调和这种关系，一直是普京所考虑的。接受西方与保证俄罗斯独立自主之间存在矛盾。普京希望调和、希望保持某种平衡，但这种平衡非常脆弱。普京一直试图以和平的方式发展，不使用军事手段，避免与西方的实际冲突。

2014年克里米亚并入以来，我们其实早已发现，可以轻松解放乌克兰东部，但普京总统一直拒绝这么做。他一度相信西方的保证，通过承认克里米亚而换取俄罗斯不再向西扩张的承诺。但西方欺骗了俄罗斯。普京想避免战争，但战争越来越不可避免。很遗憾，从政治、经济、文化、军事等层面来看，我们没有为这次特别军事行动做好充分准备。事实上，我们本应准备得更好。

王文：是的。但我很担心，未来俄罗斯如果与西方完全脱钩的话，俄罗斯在短期内是否能够继续快速发展？我们都相信西方正在衰弱，但就当下而言，西方霸权在高科技和经济贸易等领域仍然具有重大影响力。保持与西方的合作似乎是一种"理性、务实的选择"。如果与西方完全切断联系，俄罗斯会不会沦为"大号的伊朗"？我曾多次前往伊朗，伊朗拥有丰富的资源，经济在20世纪70年代一度高度增长。然而，被西方制裁40年后，伊朗的经济增长受到极大的影响。俄罗斯会不会重蹈伊朗的覆辙？

亚历山大·杜金：我很想知道，"西方"的定义是什么。西方不只是经济和科技发达的代名词，它还代表着一种意识形态，包括霸权、种族主义、本体论，可延伸为殖民主义、单极化。这是西方的本质。俄罗斯已对西方宣战，被迫切断与西方的合作。我们希望通过战胜西方霸权，把"西方"变成世界的一个省，而不是世界的中心。为了达成这个目标，我们不仅要提升自己、将自己"非西方化"，而且要将西方边缘化。仅凭俄罗斯一国是无法完成这个目标的，我们希望和世界其他非西方国家共同抵抗西方霸权，如果我们团结起来，也许能够战胜他们。这是多极化对单极化的较量。

王文：按照您的逻辑，世界渐渐分成两极，新的冷战随之开始。您曾写过，世界正处于第三次世界大战的边缘。现在，世界已变得越来越危险。中国不想卷入一场新的冷战，更愿意在全球化的环境中发展，更热衷于全球化。虽然中国在与美国竞争，但仍然在激烈的矛盾中寻找新的平衡点。我相信，印度、巴西等其他金砖国家或许也不希望与西方真正展开新冷战，并对可能到来的第三次世界大战持谨慎和防备的态度。

亚历山大·杜金：现在，这已不是俄罗斯单方面所能决定的。在特别军事行动中，我们已经"越过防线"，开始与西方对抗。俄罗斯和西方可以理解彼此，但双方不能共存，必然进入零和博弈，这是由地缘政治结构决定的。从地缘政治的角度而言，其他国家只有两个选择：或者被海权国家控制，或者通过斗争争取成为陆权国家，也就是通过支持俄罗斯来推动世界转向多极化、成为某个地区的心脏地带。中国的独立自主建立在平衡的基础之上。从这个方面看，如果俄罗斯不能制衡美国霸权，那么，中国就会成为海权国家攻击性军事冲突的受害者，尽管中国只想拥有主权和繁荣。现在，同样独立自主的印度、巴西、南非、伊斯兰世界都在做出选择，但选择的结果取决于天平另一端的实力。

以中国为代表的全球化双赢策略若要得到完美实现，需要有一个隐性的条件，那就是陆权国家俄罗斯对海权国家的抵抗。如果俄罗斯输掉了特别军事行动、失去了心脏地带，那么印度和中国将会面临和现在的俄罗斯相同的处境，成为冷战乃至军事冲突的下一个直接受害者。其他国家能避免正面冲突，完全是因为俄罗斯还存在、因为俄罗斯在战斗。其他国家只有两种选择：要么在西方世界的影响力下生存，要么像俄罗斯一样战斗。

这一地缘政治分析非常重要。尽管分析的结果与中国的官方解释相悖，但我相信，中国共产党的战略家作为真正的国际战略大师，能够充分理解这种分析的结果，避免中国陷入俄罗斯的处境。

我非常认可中国取得的巨大成就。无论对于俄罗斯、伊朗、印度还是伊斯兰世界，中国都是主要的希望所在。中印之间存在边境争端，但我想提醒印度的是，如果印度和西方一起对抗中国，那么一旦中俄落败，西方就会转而对抗印度、毁灭印度。总之，我们不想和西方对抗，我们是在和宣称要统治世界的"西方"对抗。他们不是人类的榜样。我们应该为了多极化奋斗，而不是单极化。他们想削弱俄罗斯，我们在他们的序列里排在第一，你们是下一个。当然，这是我的分析，我不想将它强加于别人。

王文：首先，我们对俄罗斯有信心。尽管北约全力支持乌克兰，但俄罗斯拥有深厚的战略纵深和丰富的资源潜力。当然，我也认同您的观点，如果俄罗斯被西方击败，中国将成为下一个目标。对此，中国早已做好心理准备。中国的应对之道是基于两千多年来的传统智慧，致力于寻找多元化、温和的解决方案。过去几年，中国在贸易战、科技战、舆论战、媒体战和台海问题等多个"战场"上都取得了不错的斗争成果。这是中国的经验。所以，我想与您探讨的是，如何用一种更聪明的方式来应对西方。如果第三次世界大战或一定规模的核战争真的如您所预测的那样发生，那将意味着全人类的毁灭。在您看来，是否有可能采用多元化的方式来解决这一问题？

亚历山大·杜金：我认为，已经有一个既成事实的解决方案，即特别军事行动。我们没有使用其他更多元的方式，也无法采取其他方式。首先，我完全确定，中国共产党采用了一个很好的决策模式，非常谨慎、稳重地做出决策，把国家利益和全球化进行整合，保持独立且保守的政策。中国在保证民主以及社会、经济自由化的同时,也保持了中央政府对国家的绝对控制力,确保西方无法通过文化、网络等方式颠覆中国共产党的领导,使国家免于混乱乃至毁灭。

俄罗斯的情况却恰恰相反。西方正在削弱俄联邦政府的绝对控制权,宣扬西方式自由主义、背弃社会公正,试图将政府推到人民的对立面。叶利钦时代,人民成为这种西方冲击的受害者。普京试图阻止、扭转这一境况,通过改革与重塑实现俄罗斯的自救。目前的特别军事行动是非常必要的,尽管战局不容乐观,但总比更糟的情况(例如被摧毁)要好。

普京试图以和平手段来解决叶利钦政府遗留下来的问题,但由于一些政治精英的阻碍,他并没有成功。这些政治精英是国家的叛徒。这正是中国和俄罗斯的区别,中国政治精英是国家的栋梁,但我们却只有苏联时期遗留下来的流毒。苏联解体后,这些政治精英进入了俄罗斯政府,他们不允许通过和平方式对俄罗斯进行国家转型与升级。这正是我对中俄政治差异的解释。

特别军事行动是无奈的抉择,但我们没有能力用和平方式改变或重组俄罗斯。试图用和平手段来达成与乌克兰和西方的和解是天真幼稚的。中国的方式蕴含着深厚的智慧。当俄罗斯开始特别军事行动时,仿佛是精神病患者的疯狂表现,就像我们有朝一日可能会使用核武器或其他形式应对全球化一样。

普京是我们的希望。他站在人民的一边,站在历史的一边。特别军事行动就是他抵抗的方式,尽管这不是最好的方式。我们现在把所有的希望寄托在石油和天然气上,期待西方因能源问题而崩溃或妥协。他们试图从能源短缺的危机中走出来,这也迫使我们从其他的维度去解决问题。为此,我们应该把中国作为观察对象和范例。

王文:感谢您分享对中国的看法。作为智库学者,我们每天也都在思考中国的处境，致力于解决国内问题。在我看来，只有在解决国内问题的基础上，才能更好地应对国际上的挑战。我相信，您也注意到，中国共产党的二十大报告明确提出了中国 2035 年、2050 年的国家长期发展战略。您曾来过中国，作为一名政治哲学家，根据您对中国的认识，您怎么看待中国的未来？中国现在制定的目标能否如期实现？

亚历山大·杜金：首先，我很喜欢中国，赞赏习近平主席领导下的中国共产党对中国的治理。习主席是杰出的世界级领导人。你们的国家创造了历史。我认为，中国的目标是务实的。你们召开的中共二十大是协调处理国内问题和国际问题的成功典范。大会通过制定计划来领导这个国家。西方社会和俄罗斯对中国的政治与社会结构了解得并不够深入。

在我看来，中国是由人民、政府以及中国特色社会主义、儒家文化等其他文化元素组成的。这些文化元素在政府治理中发挥了作用。如果政府不能确保文化安全，社会就会解体。西方和俄罗斯对中国的分析几乎都忽略了文化的特殊部分，但这实际上是中国人民重要的资源。

其次，中国对做事的轻重缓急很有讲究。中国不会去激化矛盾，而是通过创造文明的经验去缓和与化解冲突。这种文化并不完全来自儒家，还来自道家。包括俄罗斯在内的西方政治文化都过于激进，过于执着于绝对的黑与白、善与恶。对我们来说，邪恶就是邪恶，我们绝对不会向邪恶妥协。

王文：是的，中国文化中的阴阳之说，的确源于另一个哲学流派，我们希望能够在消极与积极、善与恶、好与坏之间进行转化。在中国人看来，好的事物不完全就是好，坏的事物也不完全就是坏，两者之间有依附与转化的关系。这很复杂。

亚历山大·杜金：中国并没有推动文化冲突的对外政策。在另一种不同于中国的文化中，善与恶、好与坏、光明与黑暗有明确的界限，俄罗斯文化就包含了这种基因。在俄罗斯看来，世界要么是单极的（有一个全球实力最强的国家，比如美国），要么是多极的（西方、俄罗斯、中国都在这个世界里努力实现双赢）。多极化的世界结构也是中国需要通过奋斗去争取的。中国用自己的思维和角度观察世界，其他国家也在用自己的思维和角度观察中国，这是双向的。

其中有一部分思维和角度是不正常甚至病态的。中国的思维和角度是健康的，西方的思维和角度却并不是那么健康。我们应该试图理解这些病态的思维，而不是用我们的固有思维解释它们。

王文：我们来讨论一下俄罗斯和中国的未来。俄罗斯与西方的关系紧张可能会继续倒逼中俄关系的升温。这次我在俄罗斯走访了二十多个城市，与许多地方官员交谈，讨论了如何在地方层面、民间层面、精英层面等多个不同层级加强两国关系。中俄在各个层面的彼此认知并不一致。从顶层设计看，中俄两国的信任、合作的战略意识是充分的、坚定的；但是，在民间层面、精英层面，人们对中俄合作的看法却非常多元，有一些想法并不有利于双边合作。您对此是怎么看的？

亚历山大·杜金：首先，我认为，中俄关系在这两个层面上其实都有了大幅提升。我们两国当然还有许多问题需要克服，比如双方文化上的差异。我们应该花更多时间去了解中国和俄罗斯各自的特性，去了解对方文明的密码，开辟更多二轨对话，来加深双边合作。两国领导层的相互理解已非常到位，习主席和普京总统的合作是中俄两国关系的基石，为双边关系创造着未来。但我们应该用更谨慎的方式推动两国关系制度化，提出增进高层、中层和基层合作与相互认知的方案。我们应该重新调整中层和基层的合作体系。在我看来，人类未来取决于中俄的深层次合作。我们比任何时候都更需要有效地了解彼此。我们已经是多极世界中的两极，两国国民应该为俄罗斯和中国的发展继续奋斗，让两国关系更加融洽。

王文：中俄合作的重要平台就是抓住"一带一路"和欧洲经济联盟的对接。在许多人看来，你多年来倡导的大欧亚主义理论对推动中俄合作尤其是欧亚经济一体化发挥了重要作用。但事情似乎在变化，近几年来，您对欧亚一体化研究有新的心得？您对于欧亚大陆一体化和"一带一路"倡议有什么见解？

亚历山大·杜金：大欧亚主义理论项目，内容涵盖欧亚经济联盟和"一带一路"倡议。中俄两国有能力和谐地整合这两个重大倡议，推动欧亚大陆发展，进而实现对世界的建构。在未来，欧亚一体化应该包括欧洲、印度以及其他更多的国家。我们应该把视野拓宽到整个欧亚大陆的所有国家。在具体实施上，我们应该更加深入地了解"一带一路"和俄罗斯"欧亚经济联盟"所应扮演的各种角色。同时我们应该适应并接受这个角色。

应当把真实的欧亚大陆一体化理论，而不是此前被曲解的版本，同时介绍给中国的精英们。在俄罗斯，有人把欧亚主义视为新殖民主义，而在中国，也有人将其视为俄罗斯版的帝国主义。我们应该寻找各种方式去理解彼此，大欧亚理论并不是仅仅包括俄罗斯、中国的经济合作，还包括印度、东南亚、西亚的深度合作。我们应该思考并泛化这个概念，增强文化交流，明白其中的身份、目标和动机。为了实现上述目标，我们需要更深入地了解彼此的文化，当我们看到实用主义、唯物主义、现实主义等各类逻辑时，就会真正了解其中的一致性。这里就需要语际语言学层面的对话。否则，很难说一件事情，双方都能从中得到相似的思想含义。

王文：俄罗斯近些年的对外战略中是能看到"大欧亚主义"理论的影子。这也是近年来一些传闻认为您是普京总统的幕僚，甚至是"普京大脑"。有人说，您是普京总统和特朗普总统当年沟通的桥梁，您对此如何回应？

亚历山大·杜金：我非常支持普京，我们的精神是相似的。我与他没有任何联系。我应该比在这里的任何人都更了解俄罗斯人民和俄罗斯历史。这样说，可能有些不够谦虚，但我深爱着俄罗斯人民和俄罗斯历史。我比其他人更能理解这背后的逻辑，也更能理解当前能够让人们统一意见并支持的国家对外战略。

王文：您有什么给年轻人尤其是中国同行的建议吗？

亚历山大·杜金：为了了解世界，你首先要成为一个更地道的中国人，才能比其他人更了解世界。如果你不了解你自己，就无法了解别人。如果你不够自信，对本国身份认同很弱，就不可能理解他国的身份认同感与多极化的未来。想了解世界，就需要先了解自己。

（莫斯科大学张慧敏、俄罗斯科学院冯士德参与了此次对话，并就对话内容做了初步梳理。）

对话费奥多尔·卢基扬诺夫：
普京"身边人"的想法

2023年4月10日，王文对话费奥多尔·卢基扬诺夫

费奥多尔·卢基扬诺夫是谁？他是俄罗斯高等经济大学教授，同时也是俄罗斯智库外交和国防政策委员会主席、《全球事务中的俄罗斯》期刊主编、瓦尔代辩论俱乐部学术主任。在俄罗斯，卢基扬诺夫的文章常常被视为一种重要声音。然而，他最引人关注的身份，仍是每年瓦尔代年会全球直播对话中的"普京身边人"。2023年4月9日，我在高等经济大学讲学时在校园与他偶遇，于是约定次日在莫斯科红场附近的一家酒店大堂深入交流。

王文：外界称您为"普京身边人"，您与普京总统关系非常亲近，并且经常参与整理普京总统的演讲内容。您如何评价总统？哪些细节让您感触比较深？

费奥多尔·卢基扬诺夫：请不要高估我与普京总统的亲密关系，因为我们每年都只会在非常特殊的情况下会面3到4小时。因此，对于普京总统，我肯定是不能妄下评价的。最近的一次会面是在去年10月。我惊讶于他的放松，正如您当时在场记得的那样，当时俄罗斯军队在乌克兰东部遭受了相对严重的挫折，整个国家的气氛并不好。在这种背景下，我看到普京绝对相信他在做的事情是正确的，是必要的，是应该做的事情。

当然，这是我的个人印象，我感觉他真的很投入，而且他有一个信念，就是在战争结束的时候，俄罗斯一定会获胜，因为这是正确的事情。但是它什么时候发生，怎么发生，这是另一回事，可能连他自己都不知道。但是，他完全致力于此。他认为乌克兰问题正如他多次所说的那样重要，对俄罗斯的未来至关重要，可能他看到了这一点，并将其视为一项使命。

您可能会争辩说，我们可以就此进行辩论，但我认为对他来说，这是一个公理。他真的相信这一点，但是有些人不这么认为。也许您低估了在这场冲突中的乌克兰。乌克兰是为了对付俄罗斯吗？他说："我认为这几乎是可以接受的。"虽然没有直接说，但他暗示了。是的，从一开始就对敌人有错误的认识，这是一种低估。西方的反应比预期的要强烈，这是一件奇怪的事情。

普京在2014年至2022年期间多次说过，美国、英国与乌克兰大量接触，为战争做准备，这是真的。但奇怪的是，当我们得到证据时，乌克兰军队的表现变得相当好。这让人很惊讶，尽管他之前说过很多次。乌克兰的情况以及这场冲突会如何发展，一开始的判断就是错误的，计划或设计基本上很快就崩溃了。但是在那之后，我认为得出的结论是好的。已经没有回头路了，我们的目标应该是想办法完成任务。

所以，现在人们经常问，俄罗斯最终的结局是什么？为了停止冲突，应该实现的目标是什么？我不相信有明确答案。因为我们看到这种情况，消耗战实际上意味着要么这种状态几乎永远持续下去，要么在某个我们不知道什么时候会到来的时刻，会发生一些事情，从而彻底改变情况。或者一方会崩溃，或者另一方会崩溃，甚至双方都会崩溃。这就是这场冲突的特殊性，可能没有蓝图。因此，我认为在过去一年多的时间里，我从俄罗斯知识分子那里听到了很多重新思考的想法。

王文：您认为俄罗斯从过去一年的冲突中学到的最大的教训是什么？

费奥多尔·卢基扬诺夫：这是个好问题。我们当然应该吸取一些教训，而且我们正在吸取这些教训。

王文：但坦率地说，我似乎还没有看到任何重大的知识创见与反思。俄罗斯思想界到底认识到了什么？

费奥多尔·卢基扬诺夫：情况并非如此，至少有一个正在进行的纠正过程，让错误和弱点显露出来。可以这么说，日复一日的工作有时成功，有时不太成功，但无论如何，它不是基于任何大的思想反思，而是基于实际需求。这种情况适用于军事和经济领域。

几个世纪以来，俄罗斯一直被定义为主要的欧洲大国。有时大家希望它成为像西方那样的国家，有时则恰恰相反，但西方一直是一个参照点。尤其是在冷战期间，美国也是一个重要的参照点。

现在发生的事情对俄罗斯人来说是非常独特的。对于俄罗斯而言，有一件事比融入这个世界更重要，就是向越来越非西方化的方向转变，比如在昨天咱们一起参加的研讨会上，卡拉加诺夫教授不再提"全球多数"的概念。你可以争论，但无论如何，从长远来看，未来肯定会没有所谓"西方中心"或所谓"非西方中心"。对于俄罗斯来说，这是一个非常新的国际形势。因为我们习惯了支持或反对西方，非此即彼，现在这种二元对立思维不再有意义了。

现在发生的情况，是前所未有的。我还记得冷战时，铁幕是由苏联的分裂而拉开的。现在正好相反，铁幕正在形成。西方从外部孤立俄罗斯，这意味着，您所说的"反思"将变得不可避免。之前的思考，可能是非常丰富和有趣的，但现在已不再有意义了，因为西方拒绝了俄罗斯。西方正在失去参考坐标的作用。但同样，我也没有看到这种"反思"的重点。您肯定注意到，前几天俄罗斯外交部发表了新的外交政策框架。我不会说完全同意，但是他们把美国和欧洲仍然列为重要的对象，他们把欧洲和我们分开了，不再使用"欧盟"的概念，而是统称为"欧洲地区"。

但您的问题中最重要的概念，也是杜金教授提到的，俄罗斯是一个特别的国家。所以，我们不知道现实中可能会发生哪些破坏性的事情。对我来说，积极的情景是有可能的，俄罗斯并不是反对西方或任何国家，也不是偏向中国或其他国家，而是一个具有巨大潜力的国家，拥有明确的目标和能力。

它是根据现在的需要来运作的，更多的是以自我为中心的国家，不像中国，中国从来都不觉得有必要向别人证明自己要说什么，喜欢他们或比他们更好。中国就是中国，但俄罗斯的情况并非如此。不幸的是，在我们的历史上，有几个时期，俄罗斯的发展是由向外界证明我们与他们一样，甚至更好的愿望所驱动的。我认为，这反映了心理上的不稳定，因此我希望看到俄罗斯保持非常稳定的心态。这对于历史或心理身份的改变来说是非常好的进展。但问题是，冲突后对于大多数知识分子来说，俄罗斯仍然是一个有重要影响力的大国。

王文：现在，通常认为，美国是一极，中国是一极，也许欧盟也是一极。但是俄罗斯也是一极。作为军事超级大国，您怎么看待自己国家的能力变化？

费奥多尔·卢基扬诺夫：超级大国的概念源于冷战时期，我认为这个概念是可以接受的。美国现在仍然是一个超级大国，但在未来的世界，它会失去自己的地位。超级大国意味着能够定义国际发展走向的国家，不仅仅是具有影响力。苏联尝试过，但失败了，而美国也即将面临同样的命运。我认为，中国甚至不会尝试。中国有能力成为真正的超级大国，但中国与我们完全不同。这也是一个非常有趣的话题。

知识分子经常讨论俄罗斯的能力和未来。我们经常这样想，排在前三位的是美国、俄罗斯和中国。如果回顾一下，俄罗斯的产能仍然是世界前三大强国之一。但是这场冲突，毫无疑问损害了俄罗斯作为军事超级大国的声誉，这很糟糕。我们看到俄罗斯的真实表现与我们的预期大相径庭。如果没有发生这场冲突，俄罗斯可以在更长的时间内享受这种军事超级大国的形象，但迟早会发生冲突，可能也会出现同样的问题。

因此，在这方面，俄罗斯希望保持地位或将来恢复地位，这场冲突可能非常有用。因为正如您所说，现在俄罗斯的领导层、军事和政治领导层正在努力了解我们到底出了什么问题，军事冲突的持续时间远超预期，效率也远低于我们对非武装力量的预期。

在军事领域，我认为，俄罗斯的复苏几乎是不可避免的，我们都知道，俄罗斯经历过类似的情况，也因此对应对未来拥有丰富的经验。

王文：您的意思是，面临军事上的挫折后再进行自我重塑？现在是什么鼓舞了俄罗斯人民？

费奥多尔·卢基扬诺夫：俄罗斯表现出了让所有人都始料未及的经济韧性。在军事方面，俄罗斯相当强大，不幸的是，经济方面相当薄弱。在这场战争的第一年，我们看到俄罗斯在军事领域的表现有限，但在经济领域却表现突出，金融系统的弹性和抵抗制裁的能力在历史上是前所未有的。

我希望，经济战线的复苏与军事战线的持续韧性相结合，能够创造一种新的特质，使俄罗斯在这些国家中保持这一地位。正如您提到的，我认为另一件非常重要的事情是，俄罗斯需要非常清楚地确定优先级。

自苏联解体以来，直到最近这场战役，我们才意识到晚了。普京多次公开表示，核心动机是恢复俄罗斯作为国际主要大国之一的角色，这一角色随着苏联的解体而丧失。他是如何做到的？他运用相当复杂但有时又相当机会主义的策略来抓住任何机会。

普京领导下的俄罗斯在等待机会浮现并抓住它们。比如说，如果中部非洲突然崛起了，我们就去那里进行交流并展现大国实力。再比如，与委内瑞拉、尼加拉瓜以及欧洲的一些有趣的伙伴建立联系，也能营造出俄罗斯再次成为全球大国的氛围，这就是如何巧妙地利用一些特定的时机达成自己的目的。

但是现在，当乌克兰战役开始后，俄罗斯基本抹去了它在外部取得的大部分成就。原因很简单，所有资源都应该集中在这里。我们没有太多的钱投入像拉丁美洲甚至非洲这样的地方了。这意味着，在这场战争之后，俄罗斯需要清楚地勾勒出优先事项的轮廓。归根结底，这将是一个非常传统的轮廓，苏联并不是全部，但成为其中的一部分。这实际上足以使俄罗斯成为世界领先的大国之一，但肯定不是某些人设想的全球力量，可以说，我们正在回到苏联2.0。

王文：许多人对俄罗斯未来的不确定性充满担忧，甚至有一些说法认为俄罗斯会成为"大号伊朗"或"大号加拿大"。当下的挫折，是否也让俄罗斯知识界产生了类似的担忧？

费奥多尔·卢基扬诺夫：我同意您的看法，有时当我们遇到挫折时，会重新审视自己，我对俄罗斯的未来充满信心。在冲突之后，俄罗斯人民也很高兴重新振作起来。但是也会有一些其他的声音，认为俄罗斯可能会成为"大号伊朗"或"大号加拿大"。

首先，我们生活在一个历史变革时期，需要努力拥有一个立体视角。俄罗斯在历史上多次遭受可怕的挫折，主要是由于内部原因。没有人能征服俄罗斯，无论是来自东方还是西方。但俄罗斯可能会因为国内不稳定而遭受可怕的灾难。

所以，那些悲观的人认为俄罗斯的人力资源不足以支撑其走向新的崛起。在这次新的挫折之后，我的建议是，尽管俄罗斯存在种种问题，但要看到俄罗斯仍然是资源极其丰富的国家。我指的不是矿产资源的丰富，而是发展的内在资源，然而，从历史来看，一段时间后，俄罗斯总会开始恢复。

俄罗斯可能会再一次经历这个大循环，建设成为更强大的海洋国家。实际上，俄罗斯在过去 30 年中就是一个很强大的海洋国家。为什么西方现在如此愤怒？因为对于西方，尤其是欧洲来说，俄罗斯是一个巨大的国家，传统意义上的竞争对手。

我认为，俄罗斯正在进入一个非常舒适的历史时期，可能是前所未有的。我们现在发现，在这段舒适的时期，俄罗斯失去了很多苏联时期拥有的能力。俄罗斯无法生产足够的汽车，现在，感谢中国，中国将填补这些空白。

王文： 您多次提到中国，那请您谈谈中俄关系。中俄关系非常好，特别是今年习近平主席访俄之后。但是我仍然能听到另外的一些声音。一些俄罗斯学者担心未来可能会过度依赖中国，因为我们存在一些历史问题。还有一些人批评中国，认为中国可能会推行新殖民主义。那么，您是怎么看待俄罗斯人的担忧？

费奥多尔·卢基扬诺夫： 从历史上看，两国之间的美好关系时期非常短暂，这种关系是在苏联解体后逐渐发展起来的。正如我们所知，我们有着不同的经历，当然也有非常敌对的经历。20 世纪 50 年代的大友谊时期，最终导致了更大的裂痕和冲突，这需要我们深入分析并尽力避免。

中国是一个非常强大的国家。我们确实看到中国非常积极、非常谨慎地对待俄罗斯。在这方面，您当然知道这里有一场大辩论，我们需要重新设定我们的教育体系，促进与中国更多交流。这不仅仅涉及政治制度、文化和实践层面，我们还需要更多的人才。不是每个学英语的人都能说一口流利的英语，但通过大量的交流，也许是用不太流利的英语，人们或许可以相互理解一些。但是对于中文来说，情况并非如此。如果你不懂中文，那就非常困难了，中文很难学习。从这个角度看，某些人内在的"中国将主宰俄罗斯"的心理情结，需要一些时间才能摆脱。

王文：俄罗斯知识分子对中美紧张关系非常关心。几年前，在圣彼得堡国际经济论坛上，我当时在现场，普京总统调侃道，俄罗斯像一只猴子，在看着（中美）两只老虎恶斗。这种说法，其实中国人并不乐意听到。

费奥多尔·卢基扬诺夫：那只是一种调侃而已。我也认为，公开这么说可能会引起误解。不知道您是否听说，普京总统还打趣地说，要担心猴子可能被杀。目前看来，即便这场战争结束，俄罗斯与西方之间的分歧仍然会非常深。我无法想象在遥远的将来如何再次弥合这种分歧。

在新世界，不是谁选择谁，而是成为自己。动荡的变局，让我们看到谁是好的合作伙伴和更好的朋友。在这一点上，我不相信现在有人会说西方比中国好。我希望俄罗斯在亲西方和反西方之间的摇摆将会结束。

中美关系将变得紧张并恶化。俄罗斯没有其他选择，可能会站在中国一边。可能不会直接参与，因为中国现在不参与俄罗斯与西方的对抗，但中国现在正积极应对西方压力。

王文：最后一个问题，让我们展望一下未来，设想一下到2050年这个世界的样貌。中国有着长期的规划，我们有"五年计划"，也有明确的远景目标。到2050年，中国要全面建成社会主义现代化强国。作为一名俄罗斯的顶尖学者，您能对2050年的远景做一个展望吗？

费奥多尔·卢基扬诺夫：如果2050年我还活着，那时我已经83岁。我当然希望能在一个无比繁荣的社会终老，繁荣到足以保证我能领取自己的养老金。开个玩笑！未来，我希望俄罗斯人民能够不念过往，专注于未来，国家也是如此。国家的"未来"不仅指领土方面，还包括如何使国家更繁荣、更强大、更有远见。

未来的世界将相当复杂，远超 20 世纪。提起 20 世纪后半叶，我们会想到冷战和两极世界，这样的世界环境确实丑陋，但不可否认也很稳定。到 2050 年，世界局势将会非常复杂，现有的一些固定法则将失去作用，无论是大国还是中小规模国家，都拥有更大的机遇和潜力。

当然，我希望我们能够有足够的能力去应对挑战，就像现在我们在乌克兰所经历和面对的，类似于百余年前的十月革命。但目前，在人工智能领域，我只能说我们的理解还不够深入，我们不知道该如何继续前进。这很重要，今后可能会对国际政治产生更加深远的影响。当然，提到中俄，我希望我的子孙未来会愿意去中国、印度、马来西亚、蒙古国发展自身，就像现在俄罗斯人去法国、捷克或瑞典那样。这才是一个公平的、多元的国际社会所应有的样子。

王文：那么中国呢？您曾提到，您认为到 2050 年中国将超过美国成为世界第一经济体？

费奥多尔·卢基扬诺夫：当然。难道您不这样认为吗？中国当然会成为第一。另外，当前对一个国家发展程度的衡量将 GDP 指数放到了非常重要的位置，但真实的发展图景比这一单纯的指数复杂得多。我认为，"一切都由数字定义"的观点是不够准确的。通过 GDP 实现经济增长，这当然是正确的，但我认为并不完全如此。历史上，许多突发事件的到来都重新定义了一个国家的实力。

就像现在，很多人认为国际局势回到了一战前的山雨欲来之势。确实，这很糟糕，但也说明经济头脑对于一国的发展非常重要，但不是全部。例如，一个国家对军事力量的投入和实现增长，可能比单纯的数字更能激发人民的社会需求。我认为，中国的领导层对此有着明确的认知和清晰的规划。

（莫斯科国立大学张慧敏、中国人民大学苗阳阳对此次对话的整理作出贡献。）

再度对话亚历山大·杜金：
受到更大威胁的普京"大脑"

2023年4月9日，王文再度对话亚历山大·杜金

在莫斯科，见到亚历山大·杜金并不容易。受2023年春季的莫斯科圣彼得堡咖啡厅爆炸案的影响，杜金的行踪变得更神秘，甚至连他的秘书都不清楚他的去向。经过多轮沟通，杜金终于同意与我进行在线对话。

2023年4月9日中午，杜金准点上线，屏幕上方挂着他女儿杜金娜的照片，整个屋子是漆黑的。经历了半年多丧女之痛与外部威胁，杜金的斗志变得更高昂。尽管不是所有观点都能令笔者信服，但通过对话，我得以了解这位深入思考历史、权力、文明与俄罗斯未来的哲学家内心考量。

冷战后，俄罗斯经历三个阶段

王文：杜金教授，很高兴再次见到您。上次见面我们的对话非常成功，吸引了很多关注，让更多的朋友，特别是中国朋友了解了您的最新想法。半年后，我再次访问莫斯科，许多事情似乎没有改变，例如，俄罗斯总体上保持稳定，人们似乎已经适应了乌克兰危机带来的影响。

但是我也感觉到了一些变化，不知道您是否同意我的看法，比如说现在俄罗斯国内的安全局势变得严峻，可能是几周前发生的圣彼得堡咖啡厅爆炸产生了一定的影响。当我在莫斯科的大学讲学并入住酒店时，需要进行较烦琐的安全检查。所以，我的第一个问题是，您如何看待俄罗斯社会正在发生的重大变化？

亚历山大·杜金：非常感谢您的提问。首先，我要强调一点，俄罗斯是一个超级大国，拥有广阔的领土、悠久的历史。如果俄罗斯想要做出改变，需要付出巨大的努力，这并不容易。

我认为，自1991年苏联解体以来，俄罗斯大致经历了三个阶段。第一阶段是20世纪90年代，那是自由主义者统治的时代。当时的主要思想方针是俄罗斯应紧跟全球西方化的步伐，无异议地接受和肯定西方所说的一切，因此，接受西方身份和思想是试图抓住趋势，即成为全球西方一部分的过程。20世纪90年代的俄罗斯显然是失败的，因为这完全违背了俄罗斯的自我身份认同。俄罗斯跟西方完全不同，属于"欧亚身份"。那是对人民意愿最高程度的违背，是从上层强加一些激进和暴力的改革。

20世纪90年代，从任何意义上来说都是彻底的失败，自由主义者试图强加给俄罗斯西方的规则、价值观、范式和制度。从某种层面来说，他们确实成功了，让西方的一些元素得以在俄罗斯实施。但直到20世纪90年代末，俄罗斯人民都完全反对这种人为的、激进的和灾难性的做法。

第二阶段是普京阶段。普京执政后，他单方面调整了自由主义、全球主义的进程，部分接受它，也部分拒绝了国际上对俄罗斯社会的爱国主义、主权等方面的评价。因此，那是一方面全球化、自由主义、西方化、全球资本主义精英完全控制俄罗斯工业，另一方面俄罗斯经济独立于西方并进行改革的一种混合形态。它们构成了后苏联时代现代俄罗斯的第二阶段。

一年前，特别军事行动意味着俄罗斯对西方宣战，对"全球西方"的集体宣战，是基于地缘政治层面来捍卫俄罗斯主权，但某种程度上忽略了文明层面的后果。普京发起了这场战争，试图在不挑战西方文明的情况下，强调并助力俄罗斯扩大主权。但是当战争开始后，俄罗斯每个人都观察到，这是一场文明之间的战争。俄罗斯不是西方文明的一部分，而是独特的文明，一切改变大致是从一年前开始的。

这正是第三阶段的交锋，是俄罗斯在欧亚地区以东正教为代表的文明与西方文明的碰撞。此时俄罗斯接受了有别于西方的真实存在，却伴随的是滞后、错误的策略。在叶利钦时期，这是完全错误的。普京阶段的策略，有一半是错误的，一半是正确的。普京一度一方面想要捍卫俄罗斯主权，另一方面同时接受全球主义、自由主义、西方价值观的普世主义，这是自相矛盾的。这个矛盾要么解决、要么放弃，我认为，在一开始就应被抛弃了。

特别军事行动已经持续一年了。这个阶段也有自己的议程，一切都始于对我们主权的根本维护，而没考虑到从文明层面逐步与西方进行的斗争。普京在2022年瓦尔代年会上发表了他对国家主权的看法。他强调，我们现在正与西方文明进行全面对抗。现在我们到了俄罗斯重申自己不仅是主权独立国家，而且是主权独立的文明。但我们现在应该在俄罗斯内部进行一次大变革。以现在的方式来看，俄罗斯还是照搬西方现状，比如那些自由民主、市场经济、意识形态缺位、自由主义盛行的社会领域。现在我们应该结束这种状况了。这是一项艰巨的任务，需要大量的工作，而且有那么多人试图拖延它。

我们已经进入了第三阶段，但只是还处于开始阶段，这或多或少粗略地解释了正在发生的事情。我们在不断进步，但我认为与中国相比，我们仍然有很大的滞后。在我看来，中国是一个值得效仿的榜样。我们需要接受一切让自己变得更强大的事物，并以一种独立的方式真正和完全拒绝一切对自身的身份、思想、主权有害的事物。

这是一场持久战

王文：现在越来越多的人关心未来的进程，以及俄罗斯和乌克兰之间的冲突将如何结束。一年前，我写了一篇文章预测这场冲突将是一场持久战，可能"印巴化"，即像印度和巴基斯坦关于克什米尔的争议那样。

我不知道您是否同意我的看法，也不确定我是否会被批驳。但目前看来，俄罗斯将无法占据乌克兰的所有地区。现在看来，我的预测正在逐渐实现。杜金教授，我要问您的第二个问题是，这些冲突是否会变得更加激烈？因为您过去曾说过这将会引发第三次世界大战，那么在您看来，这场冲突将如何结束？

亚历山大·杜金： 我猜这将是一场持久的冲突。首先，它会持续一定的时间。这有很多原因。第一，很明显，俄罗斯不可能很快获胜。我们不太可能在短时间内解放乌克兰的全部领土，在此之前我们无法停止，我们必须要做好持久战的准备。从这个意义上说，我不太同意把这场战争与克什米尔冲突做比较，我认为这是不同性质的冲突。

这是一场持久战，我认为你的预测是对的。俄罗斯的失败，只有在人类彻底灭绝的情况下才有可能，那将是俄罗斯真正的失败。如果俄罗斯开始考虑自己输掉这场战争的可能性，那么在某个时刻，俄罗斯将会被迫对敌人发动核打击，因为主要敌人不是乌克兰。如果俄罗斯开始被击败，俄罗斯将会打击美国和北约国家，如芬兰、德国、法国等，摧毁一切。

所以，我认为这种情况发生的可能性极小，因为各方都清楚核战争的后果。可能会有两次合理的失败或接近合理的失败，例如，乌克兰占领克里米亚或入侵俄罗斯领土或重建乌克兰人对某些地区的控制权，像是顿涅茨克、马里乌波尔或卢甘斯克，这些将被克里姆林宫视为失败，也将意味着对美国的核打击。这是很清楚的。我认为，另一方的战略家非常了解这一点，他们还没有准备好将一切都置于如此高的风险和危险之中。所以，他们对持久战更感兴趣。

接下来，俄罗斯将面临被制裁、社会及经济局势紧张、内部冲突等问题。在激励人民的层面上，俄罗斯的胜利和失败显得至关重要。西方国家非常清楚地明白这一点。因此，西方各方都对旷日持久的冲突感兴趣；与此同时，他们肯定会试图破坏俄罗斯的内部安全，制造更多的恐怖活动，就像最近在圣彼得堡爆炸案中遇难的我的朋友弗拉德连·塔塔尔斯基（战地编辑）。

这些恐怖主义行为试图在内部煽动颜色革命，或以其他经济手段对俄罗斯造成损害。比如以金融手段切断出口、再进口，或者切断与中国、印度和其他国家的关系。他们将使用所有这些手段来削弱俄罗斯的力量，在俄罗斯内部发动恐怖主义战争。

但我认为，真正攻击克里米亚、顿涅茨克、俄罗斯联邦其他新主体或俄罗斯联邦所有主体的可能性不大。这是我对情况的理解。

因为对美国民众来说，乌克兰这个话题开始变得无聊，他们自己国内也存在着很大的问题。可以预见，美国和整个欧洲对乌克兰事件的兴趣会丧失或下降。这意味着在拜登与特朗普的选举中，乌克兰因素将会减弱。俄罗斯正在与他们的代理人作战，而美国自己却置身事外。

我认为，最终他们会逐渐不再将乌克兰置于焦点位置上，这将导致冲突的长期化。我也可以预见，俄罗斯内部资源会集中，进而产生一些重要的改革和变化，以及之后将采取非常迅速的行动。为了实现这一点，我们需要一些准备步骤。一切会结束，但这不会很快，我们应为将来做长期准备。我同意你的看法，即俄罗斯内部安全风险会增加，但我认为，这种程度不会像俄罗斯在前线的惨败那样严重。

美国的霸权是否已经崩溃？

王文：我这次受邀来到莫斯科，参加在莫斯科高等经济大学、莫斯科国际关系学院举办的多场研讨会，听到了很多新的想法。总的来说，俄罗斯学界普遍认为，美国在变弱，美国霸权正在瓦解。

但是，杜金教授，中国学术界对美国的看法可能会更加多样化。一些中国学者甚至认为美国实际上并没有变弱，而是相对变弱了。长期以来，美国一直是世界上最强大的国家。在我看来，美国全面衰弱可能需要很长时间。所以我的问题是，您怎么看待冲突后美国目前的实力，因为有些人认为美国是最大的赢家。美国的霸权是否已经崩溃？

亚历山大·杜金：我们不确定美国霸权的真实本质。我们只能猜测。

比如说，我们可以通过美国从阿富汗撤军来试图解释这一点。许多观察员倾向于认为，美国退出阿富汗标志着美国霸权的终结。但他们无法确认，美国在伊拉克和中东的存在力量到底还剩下多少。因此，这在我们眼中是一件无法证明的事情，我们应该非常谨慎地衡量美国霸权的真正本质。

我们有三种评估实际霸权的可能性。首先，有许多迹象证实美国霸权正在动摇。这种动摇的背景是俄罗斯敢于开始战争。几年前，这完全是不可想象的。因此，俄罗斯敢于对西方发动战争，挑战美国权威，这是一个很重要的事实。尽管我们尚未赢得战争，但或许最终会赢得胜利。时间会证明一切。

其次，我认为中国正在用其他方式挑战霸权主义，而不是通过直接对抗。那是另一种形式的战争，比如贸易战、文明战争、"熊猫战"。在文明层面上，西方价值观正在受到挑战，比如，印度独立自主发展、拉丁美洲和非洲的一些元素，以及欧洲民粹主义的增长和美国的反全球主义议程。现在，特朗普被起诉，整个共和党都在支持他。美国的内战似乎即将来临，拜登政府在设定全球议程方面的能力正在下降。

霸权是否衰弱，我认为可能性是 50∶50，可能就差天平倾斜的最后一根稻草。因此，这至少意味着美国的全球霸权处于危险之中，但显然，美国目前仍然非常强大，尚未完全倾斜向另一个方向。因此，我们仍处于单极、结束单极和接近多极化的过渡期。我们并未完全实现多极化，所有这些因素维持着微妙的平衡。如果中国大陆明天对台湾发动军事统一行动，一切就会改变，平衡会被打破。又或许，如果我们俄罗斯人明天在战争中取得了象征性的胜利，这种平衡也会被打破。

美国内部的力量平衡特点则有所不同。因为它不是关于美国，更关乎全球主义。一半的美国人是站在我们这边的。今天的共和党人，可能对俄罗斯和中国有不同的看法，但他们与整个世界对立。特朗普主义者正在与整个世界作斗争，他们是否同意全球主义议程？显然没有，这正是关键所在。

目前的情况是，我认为我们正在等待一些象征性的事件发生。例如，我们确定在单极世界内部应该发生一些事情，以便成为决定性的转折点。是的，我同意你的看法，在未来，关于美国霸权终结的可能性仍是一半对一半的。

王文：上个月刚刚发布了俄罗斯外交政策新框架。在这个框架中，俄罗斯展示了其新政策，即外交政策，欧洲和美国在俄罗斯全球战略中的优先级正在下降，并且排在最后。但普京总统上周也表示，俄罗斯仍然希望缓和与西方的关系。

所以，一方面，俄罗斯还想改善，减少与西方之间的紧张关系；但另一方面，很明显，西方对俄罗斯的重要性正在下降。您认为，欧洲和美国未来跟俄罗斯之间的关系究竟有多重要？俄罗斯现在仍然是超级大国还是世界单极格局中的一极？

亚历山大·杜金：首先，外交政策新框架是愿景的象征，是俄罗斯的梦想。我们希望看到国际架构多元化，希望俄罗斯能成为多元世界的一个极点，而这只能在西方放下"高傲的姿态"的情况下才能实现。所以，多极化和单极化的规则是不相容的。俄罗斯的首要任务是消除西方国家在国际事务中的"主导地位"，我完全认同此观点。

俄罗斯的新外交政策框架是一种战略，不仅是应对现状的战略，也是未来发展道路的灯塔。为什么中国学者要仔细研究这项政策？我想，因为这是我们愿望的一种表述。中国人知道拥有中国梦的重要性，如果你渴望什么，梦想成为什么样的人，你就会愿意为你的梦想去做些什么，直到实现它。所以，这是一种战略，也是对未来的美好憧憬。我们可以共同期待俄罗斯接下来会采取的行动。

您也应该仔细研究这个战略框架。俄罗斯和中国现在处于一种"联合"

状态。俄罗斯采用的是一种激进的军事对抗方式,中国采用的是一种较为内敛的文明交流方式来抗衡西方国家。新外交政策中提出的另一点也非常重要,尽管印度对中俄态度不是很友好,但印度是这个多极化的第三个可能极点,接下来可能是伊斯兰世界等。这就是一个大概的新框架。

与此同时,普京继续向西方文明、精英及人民发出各种呼吁,他并不是反对世界人民或国家,目前的冲突不是针对西方,而是针对西方霸权主义的精英。我们也会考虑和与俄罗斯有着不同文明的人交朋友。这是普京的一种外交战略。

这种外交战略也得到了广泛认可,因为我们看到越来越多的西方人支持俄罗斯,支持俄罗斯倡导的多极化。尽管中国在经济层面表现得比俄罗斯更出色,但俄罗斯是反全球自由主义精英的代表性国家,而拜登则是全球自由主义精英的代表人物。西方一些民众对服务于拜登式精英的态度感到厌恶,美国共和党人,也就是一半美国人口,更倾向于普京,而不是拜登。普京的姿态正是给他们释放信号。因此,只要一个国家保持多极化发展的态度,就会被俄罗斯视为朋友。我认为,这是很明确的一点。现在对外发出的声明都很一致,没有像以前那样犹豫不决。

俄罗斯精英为何有时误解中国?

王文: 您多次提到中国,那么,让我们谈谈中国和俄罗斯的最新关系。今年以来,中俄两大强国的关系更加紧密。即便如此,我在莫斯科也听到一些俄罗斯学者对中国表示担忧的声音。他们担心俄罗斯将变得过于依赖中国,尽管我认为这是完全没有必要的。习近平主席提到要促进两国世代友好。另外,一些普通群众似乎也对中国存在一些误解。那么,杜金教授,您如何看待俄罗斯人对中国的这些误解与不了解?

亚历山大·杜金： 我认为，我们可以用精英和专家的视角来解释这一现象。他们随时准备将俄罗斯身份依附于其他势力，例如西方。他们无法理解除了奴隶主和奴隶范式之外的国家和文明之间的关系，现代俄罗斯精英也是如此，这些"精英"实际上是奴隶。

俄罗斯精英们习惯于成为美国的附庸。他们接收了华盛顿的所有指令，并被要求奉行自由主义，服从西方的规则。他们是奴隶，是殖民地的精英，而且他们不知道如何处理两个独立国家之间的关系。现在，俄罗斯精英是自由主义理念的俘虏。当他们与西方的联系被切断，当伟大、繁荣、富有、强大的中国与俄罗斯合作时，他们会倾向于认为中国是他们的新主人、新领导。

您不要被他们所说的话影响，他们无权发言，因为他们在思想上是支持单极化系统的。他们表达了恐惧，害怕屈服于中国，因为他们习惯于为美国的利益服务，仍然受美国影响，是美国的代理人。他们试图摧毁两个独立国家之间的新生关系。他们不是真正的俄罗斯人，无法理解中国和西方的本质。

我认为，此次战争让中俄关系有了真正的突破，人们认为这是多极化的一个巨大标志，但这并不意味着中国站在俄罗斯一边。这只是表明中国选择了多极世界体系，而不是选择站队俄罗斯或西方。这种独立性比直接支持俄罗斯要珍贵得多。中国很强大，我认为中俄友谊的未来应该建立在完全平等的基础上。因此，我们尊重你们，我们尊重全球趋势，我们正在采取相应的行动。

最后一点，我认为，俄罗斯很少有人了解中国有多伟大。我非常崇拜中国的政治制度，因为我明白中国社会是多么稳定、多么和谐。这并不是共产党的专政或贫民群众的统治，而是基于共同体文化、人民团结和权力基础上的共同体价值观。从表面上看，中国有资本主义，但那是非常特殊的资本主义，没有恶性竞争的资本主义，没有仇恨的资本主义，没有社会原子化的资本主义。所以，那不是传统意义上的资本主义，而是中国特有的模式。我崇拜中国模式，在俄罗斯，如果人们能更好地理解这一点就好了。

我认为，俄罗斯与中国维持一种平衡状态的条件是，俄罗斯发展到与中国一样强大，这意味着要重建尊严、主权和文明独立。

杜金如何评价自己？

王文：是的，这些年中国人做到了重建尊严、主权和文明独立。最后一个偏个人化的问题，您在国际知识界的知名度不断上升，尤其是在过去三年里。在美国，一些媒体将您视为一个危险和极端的人物，开始研究您以往的著作。那么，杜金教授，您如何回顾和思考自己？您如何评价自己在国际思想界或知识界的地位？

亚历山大·杜金：首先，我从不认为自己是孤立的。在我这个身份位置上，我需要代表人民发声。我讨厌任何形式的个人主义，我不尊崇个体，我尊崇人民。我尊崇文化，我尊崇文明准则，不论是国内文化还是全球文化，我试图传播一些比我个人更重要的东西。因此，我代表我的人民、我的文明、我的教会、我自己的文化。我努力以最好的方式服务于我的祖国和我的人民。

但作为一名俄罗斯人，意味着为他人着想，不仅仅是为俄罗斯着想，这是俄罗斯本质上很特别的地方。俄罗斯身份是向世界自然发展开放的。这就是"普救论"，它并不是试图强加给对方我们认为的好东西，而是要倾听对方、与对方分享。当俄罗斯人都意识到这点时，表明我们正在遵循陀思妥耶夫斯基等俄罗斯主要哲学家的道路。

俄罗斯的每个思想家都不是个人主义者。我们为我们的目标服务，我们的事业与俄罗斯的发展捆绑在一起，我们的职责是向外界开放和传播我们的文明。因此，我致力于研究不同的文明，尤其是俄罗斯的文明。我认为，世界人民会欣赏俄罗斯对他们文化的关注。例如，我现在在中国、印度、巴基斯坦、阿拉伯世界、非洲、拉丁美洲、欧洲和美国都有很多朋友。

当然，有一些人想杀死我，他们甚至杀死了我的女儿，因为她继续发扬了我的思想。他们并不害怕某个重要的政治人物，世上有许多政治人物的地位比我高得多，但我们的敌人试图杀死像我这样活生生的灵魂、独立的灵魂、致力于传播人类文明的灵魂。

我的思想与他们是相斥的，就像水与火一样。他们试图强加给我们资本主义是好的、是人类价值观的观念，他们为自己定义了一切。像我这样的学者试图用大量的文字向这些人解释，我已经写了70多本书，其中大多数都被翻译成其他语言。我曾在阿姆斯特丹与《帝国与五个国王》的作者伯纳特·莱维交谈，他在书中将全球自由主义西方定义为帝国，而"五王"则是中国、俄罗斯、伊朗、土耳其和沙特阿拉伯，这些国家都在试图反对帝国的统治。当我与莱维辩论时，我说，我不仅仅代表一个国家，我代表这五个国。因此，我在这里是为了捍卫尊严、独立和主权。

关于中国、伊朗、土耳其、阿拉伯世界，这些都不仅仅是国家立场，我不是某个民族的思想家，而是全球思想家。在某种程度上，我绝对忠于中国的事业。我相信这就是为什么他们恨我，为什么他们试图杀死我，甚至杀了我的女儿。这一切都源于我所引领的哲学战争，这不仅仅是针对俄罗斯的。

王文：感谢杜金教授。每次和您交谈，我都听到不少新东西。请照顾好自己，我们正在筹备一场大论坛，如果有可能，希望能再次邀请您去中国。

亚历山大·杜金：谢谢你。我很乐意，因为我认为中国对于像我一样的自由思想家来说，是一个独特且安全的地方。

王文：希望下次我们可以线下交流，保重身体，谢谢。

（莫斯科国立大学张慧敏、中国人民大学陈天阳、李鑫鹏对该次对话翻译整理有一定贡献。）

对话谢尔盖·格拉济耶夫:
普京总统经济顾问的担心

2022 年 9 月 3 日,王文对话谢尔盖·格拉济耶夫

俄乌冲突到底对俄罗斯、中俄关系、世界局势会产生怎样的影响？俄罗斯到底想要实现怎样的目标？未来 15 年，俄罗斯国力会持续崛起，还是呈现衰落？对于俄罗斯反制裁的经验，有什么可供中国借鉴的？如何解决当前中俄合作的堵点？新时期的"欧亚主义"对于中俄合作来讲意味着什么？2022 年 9 月 2 日至 10 月 29 日，我受俄罗斯瓦尔代俱乐部邀请，赴俄调研了 21 个城市。其间我针对上述问题采访了俄罗斯著名经济学家、欧亚经济委员会一体化和宏观经济部部长、原俄罗斯总统普京经济顾问谢尔盖·格拉济耶夫。

王文：从国际影响的角度来看，俄乌冲突似乎已经超越了 2008 年全球金融危机和 9·11 事件，但恐怕没有像 1991 年冷战结束那样产生重大影响。您认为俄乌冲突将对俄罗斯、中俄关系和世界局势产生什么影响？

谢尔盖·格拉济耶夫：尽管围绕乌克兰敌对行动的曝光和戏剧性事件层出不穷，我认为我们不应该夸大这场冲突对于全球经济的重要性。相反，冲突本身就是现有世界经济体系深层危机的后果。以美国为中心的金融和经济体系早已失去效力，事实上，这是一个巨大的金融泡沫。为了维持这一体系，西方国家的货币当局在 2008 年全球金融危机之后，采取了无限制发行货币的政策，使世界货币供应量增加了五倍。但即使如此，也无助于美国保持在世界经济中的主导地位。在这个世界经济中，无论是在国内生产总值还是在高科技产品出口方面，中国早已处于领先地位。美国和欧盟的通胀率迅速上升，混乱局面不断加剧，产量增长亦不乐观。

我们生活在一个世界经济体系变化的过渡时期，这种情况每个世纪都会发生一次，并且总是伴随着一场世界大战。上一次类似的过渡时期发生在一个世纪前，伴随着第一次和第二次世界大战，以及开启社会主义建设时代的十月革命。当时，英国为了维护其掠夺亚洲和非洲国家的殖民制度，在其主要竞争对手俄罗斯和德国之间挑起了战争。由于第一次世界大战导致俄罗斯、德国、奥匈帝国以及奥斯曼帝国的崩溃，英国暂时扩大了其影响力，但第二次世界大战之后，英国遭受了巨大冲击。英国过时的治理体系无法与质量上更高效的苏联和美国的体系竞争，美苏构成了新的世界经济秩序的核心，并划分了世界霸权。

今天，通过发动一场世界大战，美国正在重蹈英国的覆辙，因为中国的治理体系在质量上更加有效。美国历史学家称欧洲的世界大战为"好的战争"，因为它们导致了资本流向美国，在推动美国资本积累系统循环的形成中发挥了关键作用。因此，传统意义上，盎格鲁－撒克逊人在欧洲发动了一场战争，让他们的傀儡欧洲政客对抗俄罗斯。为了做到这一点，他们不出所料地打出了"乌克兰牌"，严格按照战略家布热津斯基的计划，在乌克兰建立了一个恐俄的纳粹政权。

华盛顿的计划完全遵循了盎格鲁－撒克逊政治理论家麦金德古老而原始的概念，口号是"分而治之"。为了防止中国、俄罗斯和德国之间形成欧亚经济联盟，他们在欧盟和俄罗斯之间制造了一场关于乌克兰的冲突，通过2014年的非法暴力政变将乌克兰拖入与欧盟的联盟。通过一系列连续的挑衅，他们将这一冲突激化到目前包括德国在内的欧盟与俄罗斯之间的合作完全中断的程度。美国利用其在乌克兰培植起来的纳粹政权作为打击俄罗斯的工具，以瓦解和摧毁俄罗斯。

当然，这一计划是乌托邦式的：美国这一计划不会成功实施。然而，在美元金融体系崩溃这一迅速增长的内部问题的压力下，美国金融和统治精英的侵略性正在增强。与此同时，他们已经使用了所有的主要王牌：通过扣押俄罗斯外汇储备，使美元、欧元和英镑失去了作为世界货币的信誉，失去了民主国家的形象，事实上也破坏了国际法。他们将无法像2008年那样以拯救欧洲为借口，再次巩固其全球影响力以应对全球金融危机，因为每个人都清楚，他们的治理体系是这场危机的主要根源。联合西方世界对抗俄罗斯是美国权力和金融精英最不可能做到的事情。

王文：中国人不明白为什么俄罗斯发动了这次特别军事行动，却陷入了长期的冲突。在中国人看来，俄罗斯的军事力量相当强大，但它似乎越来越难以实现军事行动的最初目标。所以，我们很想知道，俄罗斯这次想实现什么样的目标？

谢尔盖·格拉济耶夫：8年来，美国情报机构一直在乌克兰扶持反俄纳粹政权。为准备对俄战争，他们对男性人口进行了三次动员。他们武装乌克兰部队，并使其完全服从于五角大楼，同时建造了坚固的防御工事以应对战争。

乌克兰去殖民化和去军事化目标是为了乌克兰的俄罗斯人民，他们深受纳粹政权之害。作为出生在扎波罗热的人，我可以证明，整个乌克兰的南部和东部，以及大部分中部地区都居住着俄罗斯族人。他们遭受了8年种族灭绝的折磨。纳粹分子恐吓民众，杀害所有抵抗乌克兰纳粹化的人。年轻人被灌输了对俄罗斯的仇恨。人们没有机会用俄语教育孩子，还有很多人试图禁止使用俄语。

在近十年的种族灭绝中，居住在乌克兰的俄罗斯族人口大幅减少，士气低落。俄罗斯军队希望解放被控制的领土，并得到这些地区人民的广泛支持。然而，人们不敢对俄罗斯解放者给予明确支持，因为担心在行动结束后俄罗斯人会离开，而他们将不得不再次生活在乌克兰的统治下。直到现在，当被解放地区的人民有机会就加入俄罗斯的问题举行公民投票时，他们才大规模地公开表示支持。

我认为，随着加入俄罗斯联邦的可能性通过公民投票得到确认，人们会变得不那么害怕，并对俄罗斯军队的成功更加充满希望，这是他们期待已久的解放。

我们还必须牢记，俄罗斯军队不在城市中进行军事行动，并且试图保护平民。乌克兰武装部队每天用炮弹和火箭袭击从纳粹手中解放出来的城镇居民区，造成平民死亡。与之不同的是，俄罗斯军队不向居民楼和社会基础设施开枪。我们努力拯救人们的生命，因为我们非常清楚，我们与他们是一个民族，在所有军事行动结束后，我们也将处理城镇的恢复问题。因此，俄罗斯军队的推进是缓慢的。而乌克兰武装部队是由五角大楼直接控制的，后者的特点是对未控制地区的平民采取无情的态度。

王文：一些中国学者十分关注普京总统 20 多年前作出的一个伟大承诺："给我 20 年，还你一个强大的俄罗斯！"很快，20 年过去了，普京总统的承诺实现了吗？您如何看待俄罗斯目前在世界上的地位？未来 15 年，俄罗斯的国力是继续上升还是下降？

谢尔盖·格拉济耶夫：从军事政治的角度来看，普京总统确实在 20 年内恢复了俄罗斯的实力。在叶利钦时期的十年破坏和衰退后，俄罗斯武装部队已经完全恢复，实现了现代化，能够执行任何复杂的任务。由于普京一贯坚持确保军事安全的政策，俄罗斯再次成为难以被战胜的国家。

普京总统还通过对机构进行改革，恢复了国家实力。他结束了一些地区的分离主义，将其完全融入国家的内部社会、政治和经济空间。他建立了"垂直领导"，确保了统一俄罗斯党在各级民选权力中的主导地位。

经济的发展情况则更为复杂。目前，向创新发展道路过渡的先进发展规划尚未落实。这是由于俄罗斯银行继续遵循"华盛顿共识"的教条，严格限制信贷扩张，阻碍了投资和创新活动的增长。俄罗斯的积累率仍然处于低水平，不足以实现经济的再生产，甚至比中国低一半。企业被迫自费投资。在这种情况下，贷款在融资投资方面没有发挥重要作用。货币当局已经放弃了货币限制，所以俄罗斯经济遭受了巨大的资本流失，平均每年约 1000 亿美元，2022 年超过 2000 亿美元。

俄罗斯银行以转向"通货膨胀目标"政策为借口，拒绝确保卢布的稳定。这起到了特别消极的作用。事实上，在这项政策的框架内，国际货币投机者的利益得到了满足，他们人为操纵卢布汇率，以在宏观经济不稳定的情况下获取超额利润。为了对抗通货膨胀，俄罗斯银行提高了利率，这意味着终止对企业投资和周转资金的贷款，也意味着经济衰退和国家货币贬值。

由于根据华盛顿金融机构的规则实施货币政策，俄罗斯经济无法更快发展，并且高度依赖于外国经济形势。不幸的是，俄罗斯在全球经济中的重要性继续下降。尽管从科学和工业、知识和自然资源潜力的角度来看，俄罗斯的经济发展并不逊色于中国，但为此有必要引入符合新世界经济体系要求的管理制度。

王文：西方对俄罗斯实施制裁的次数超过 1 万次。俄罗斯已成为历史上受到西方制裁最多的国家，是过去 40 年中伊朗受到制裁次数的三倍。半年来，我们看到这些制裁似乎收效甚微。根据我这些天在俄罗斯的经历，人们的生活似乎没有受到实质性影响。在您看来，这些制裁是否不起作用？还是俄罗斯具备强大的反制裁能力？又或者制裁的效果需要持续很长时间才会出现？

谢尔盖·格拉济耶夫：在制裁期的第一年，投资和金融部门对外部"冲击"最为敏感。制裁的影响可以分为直接影响（如资产冻结和金融禁运）和间接影响（如商业实体对国内经济投资的负面预期）。值得注意的是，在一定时期内，资本出口总量的 57% 集中在银行业。在制裁期的头两年，商业银行的资本输出尤其密集。

制裁造成的损害给俄罗斯的联邦预算带来了额外的负担，因为需要拨款来减少某些行业因制裁造成的损失，并补偿特定的个人和法律实体的损失。据估计，制裁造成的额外预算支出约为4400亿卢布。

根据我们的理解，制裁的负面效应是按部门划分的制裁损失总额与俄罗斯银行的峰值效应之间的差异。受2014—2016年制裁负面影响最大的是投资和金融部门，而俄罗斯银行受到的负面影响主要集中在贸易、投资及金融领域。

研究证实，俄罗斯银行的行动增加了制裁的负面影响。在制裁期间，俄罗斯联邦现行价格的国内生产总值与2010—2013年平均国内生产总值的偏差总计为1.4万亿美元。俄罗斯银行货币和利率政策的影响以绝对值计算约为8700亿美元（约为上述偏差规模的60%）。与此同时，制裁约占2014—2016年制裁前国内生产总值平均值总偏差的4%—6%，约为580亿美元。

因此，俄罗斯银行的政策大大增加了西方制裁的负面影响，通过减少国内信贷来补充外部信贷和金融封锁，并加强了对商业银行的监管。由于《巴塞尔协议Ⅲ》的引入，再融资条件的恶化变得更加复杂。俄罗斯银行比其他银行体系更发达的国家更早地采用了该协议。

实施制裁的同时，提高关键利率、恶化信贷条件、收紧监管、允许卢布汇率自由浮动以及莫斯科交易所的私有化，这些措施似乎都在破坏俄罗斯经济的稳定。

王文：西方国家也对中国实施了很多制裁。尽管没有像俄罗斯受到的制裁那么多，但许多智库预测，未来西方也会像制裁俄罗斯一样打压中国的崛起。中国可以从俄罗斯的反制裁经验中学到什么？

谢尔盖·格拉济耶夫：为了遏制中国的发展，美国情报机构、权力机构和经济机构多次采取各种打击手段，包括对进口中国商品征收保护税，借新冠病毒和网络恐怖主义指责中国。但他们无法阻止中国经济的发展，因为中国有更有效的管理体系，而美国的制裁反而可能加强这一体系。对中国商品征收保护性进口税只导致了美国商品价格的上涨，并未从根本上改变与中国的贸易平衡。新冠病毒在中国的传播，激发了中国医疗系统的积极性，使其成为世界上最有效的医疗系统之一；而新冠病毒传播到美国后，导致疫情失控，数百万人受到影响。美国试图对其控制的司法管辖区实施禁运，以限制中国在科学和技术发展方面的进步，这反而激励了中国在敏感领域启动自主研发。中国实施的"十三五"规划的主要优先事项是确保自身的科技独立和自给自足。我相信，中国也将在这方面取得成功。

美国人重复着英国人在 20 世纪 30 年代对其竞争对手所做的，通过禁令和制裁来维持其领导地位的徒劳尝试。但这并没有使其殖民帝国在美国和苏联更有效的经济发展管理体系的竞争压力下免于崩溃。

如果俄罗斯奉行以保护其经济利益为重点的货币政策，它可以轻松抵消制裁的负面作用。中国却没有这个问题。中国经济通过对其经济再生产的全面内部控制，成功避免了美国制裁的破坏性影响。维持对资本跨境流动的货币限制，可以保护其不受外部投机者的影响。中国自身的信息系统能够抵御网络恐怖主义的威胁，而对内部互联网空间的管控则可以防止人道主义破坏。理论上，美国会试图将中国从原材料市场中孤立出来，但中国与俄罗斯的战略伙伴关系使得这一点不可能实现。

为了可靠地保护双方不受美国制裁的影响，中国和俄罗斯需要共同创造和发展国内市场，加强合作关系，扩大双边贸易，转向本币结算，实施联合投资项目，创建共同的技术链。中国的"一带一路"倡议与欧亚经济联盟的对接将有助于这一进程。

王文：过去几年，你们为中俄合作作出了重要贡献，特别是在促进欧亚经济一体化和"一带一路"建设方面。现在，中俄在基础设施建设、经贸合作等方面取得了显著进展，但在金融合作方面似乎进展较慢。您对此有何看法，如何解决目前合作上的困难？

谢尔盖·格拉济耶夫：俄罗斯和其他欧亚经济联盟成员国与中国的伙伴关系表明，它们对疫情所产生的社会经济后果具有一定的抵抗力。中国在欧亚经济联盟对外贸易额中的份额比2020年增加了1.6%。

2021年第一季度，与2020年同期相比，贸易额增加了44亿美元，相当于中国在欧亚经济联盟的贸易份额增加了1.4%（从16%增加到17.4%）。

我们要努力重启可持续的投资进程。尽管中国在前一时期对欧亚经济联盟成员国的经济进行了持续投资，但2019年和2020年中国的投资出现了外流，这部分是由于疫情限制导致商业活动数量的减少。

内部宏观经济失衡是导致投资中止的更重要因素。我们有必要消除这些因素，并形成一个明确的、长期的欧亚经济联盟投资概况（合作实施的项目组合）。这将使得实施金融后备政策成为可能，并有利于联盟的工业，提高其投资吸引力。

毕竟，正如前面所强调的，在普遍衰退的背景下，是中国成了增长的领导者。其旨在摆脱危机和改善总体福祉的资源调动模式，再次证明了其可行性。

中国和其他国家，不仅在亚洲，而且在其他大陆，包括非洲，正在实施新的世界经济体系的治理机构和机制。

例如，埃塞俄比亚三年前出人意料地成为世界上经济增长最快的国家。其原因是该国采用了中国的治理方法。印度使用类似的机构和机制来管理经济发展，建立了自己的融合（一体化）的经济体系，尽管印度的社会政治结构与中国不同。

必须承认，近年来，中俄合作，无论是双边合作，还是通过与欧亚经济联盟缔结的协议，都得到了加强。因此，俄罗斯与中国之间的跨境基础设施合作正在发展,尽管速度非常缓慢。运输渠道正在扩大,专家和技术的交流日益密切,双边多学科合作正在显著加强。

六大经济走廊,其中"丝绸之路经济带"、中蒙俄经济走廊和新亚欧大陆桥直通俄罗斯,连接中国、中亚和西亚。中欧铁路的东、中、西段都经过俄罗斯。"冰上丝绸之路"的建设与发展合作不断加强。交通干线建设、基础设施和技术园区领域的类似项目影响着其他欧亚经济联盟成员国的经济利益。

欧亚经济联盟与中国之间的经济合作将受益于摆脱不必要的官僚机构和阻碍实施联合大型项目的负担。归根结底,这些因素决定了欧亚一体化和"一带一路"倡议是否成功,也影响到形成大欧亚伙伴关系计划的可行性,这是欧亚大国之间和谐合作的广泛区域,共享一体化的世界经济体系的原则。

总体而言,欧亚经济联盟成员国对中国的直接投资明显低于中国对欧亚经济联盟国家的投资。哈萨克斯坦对华投资额比中国对哈萨克斯坦投资额少43倍;俄罗斯对中国经济的投资额比中国对俄罗斯经济投资额少9倍。因此,欧亚经济联盟与中国之间的投资格局并不完全符合双方的利益。中国不仅有兴趣扩大其在采掘业的业务,也有兴趣扩大零售、运输以及建筑业的业务。

对于俄罗斯在欧亚经济联盟的伙伴国来说,中国投资的额外涌入是经济增长和提高国民经济竞争力的重要因素。尤其是中国投资者的兴趣和资本投资流入制造业、基础设施、农业和高科技经济部门对欧亚经济联盟具有重要的战略意义。

欧亚一体化的主要问题在于金融合作的薄弱环节。我们认为,无论是在传统银行部门还是其他相关领域,如保险、股票市场和金融部门的其他领域,都应该进一步深化和扩大合作。有必要将跨境贸易和联合投资活动转移到以本国货币结算,这将有助于加强金融互动、促进金融市场一体化和银行间合作。因此，人民币在俄罗斯从中国进口中的份额从2013年的2%增加到2019年的25%。与此同时，卢布的份额在同一时期也从4%增加到了6%。为了提高俄罗斯卢布在欧亚经济联盟与中国以及"一带一路"共建国家的经贸关系中的份额，有必要提供一些技术条件，如国家支付系统的整合、货币风险的对冲，确保直接货币的深度外汇流动性。今天，在美国当局采取的反俄罗斯和反白俄罗斯制裁以及对中国的贸易战的影响下，通过经济多样化和减少宏观经济波动来实现超额增长，是国家货币在国际货币、金融、贸易和经济合作中长期增长的关键所在。

欧亚经济联盟与"一带一路"倡议一致，提出了实施路线图，并考虑到了互动的优先领域。我们应该怎么做呢？

首先，考虑到欧亚经济联盟发展战略规划体系框架内的衔接措施，包括评估这些措施的实施对欧亚经济联盟成员国的经济影响以及对国民经济发展的预测。此外，有必要对欧亚经济联盟对接"一带一路"各个接口的组成部分进行风险评估：实现欧亚经济联盟的过境潜力，开展高新技术领域的双边或多边合作，发展全面战略伙伴关系，包括各个领域的合作。

其次，也是最重要的一点，通过建立联合投资和发展基金、提供赠款支持、通过公共和私人直接融资、国家间私人伙伴关系机制，构建一个欧亚经济联盟和"一带一路"对接融资体系。在确定融资领域时可以参考欧亚经济联盟发展的实际战略文件。因此，有必要：

1. 为实施联合项目制定和实施特殊的投资和税收制度；

2. 在解决欧亚经济联盟和"一带一路"对接问题的框架内，形成有效的融资模式，并将"中国式"融资的风险降至最低（贷款的关联性、交易条款的不透明性等）；

3. 建立一个联合基金，通过对接为项目融资；

4. 在欧亚经济联盟层面构建一个促进联盟国家在中国投资利益和项目的体系。

在这里，我们可以借鉴联合拨款制度的经验。一个成功的例子是中欧共同倡议设立的联合资助机制（CFM）。该机制于 2015 年发起，旨在支持欧盟和中国的大学、研究机构及企业在共同感兴趣的领域开展联合研究和创新项目。

为了确定欧亚经济联盟国家与世界经济新体系核心国家之间的经济合作规模，有必要考虑长期合作的正式化。最便捷的形式是创建国家间的科学、技术和投资联盟（基金）。这些联合体可以在运输、物流和基础设施领域开展具有欧亚意义的大型项目。修建道路和开发邻近地区的运输走廊可以交由组建的联合体负责。同时，投资可以通过在"一带一路"和欧亚经济联盟国家的金融市场上发行债券，吸引亚洲基础设施投资银行、丝路基金、金砖国家新开发银行和欧亚开发银行的贷款来进行投资融资。此外，还需明确中国现有的联合投资基金，包括中白投资基金、中国—亚美尼亚区域发展基金、中哈联合项目拨款基金以及中俄投资基金所发挥的作用。

（本文由蒲赞旭、刘迪翻译，杨清清审核。）